话高手

田采 编著

北方联合出版传媒(集团)股份有限公司

万卷出版有限责任公司

图书在版编目（ＣＩＰ）数据

说话高手 / 田采编著 .-- 沈阳 : 万卷出版有限责
任公司，2024.6
ISBN 978-7-5470-6536-5

Ⅰ.①说… Ⅱ.①田… Ⅲ.①语言艺术—通俗读物
Ⅳ.①H019-49

中国国家版本馆 CIP 数据核字（2024）第 092889 号

出版发行：北方联合出版传媒（集团）股份有限公司
　　　　　万卷出版有限责任公司
　　　　　（地址：沈阳市和平区十一纬路29号　邮编：110003）
印 刷 者：三河市燕春印务有限公司
幅面尺寸：160mm×230mm
字　　数：125千字
印　　张：12
出版时间：2024年6月第1版
印刷时间：2024年6月第1次印刷
责任编辑：高　爽
封面设计：韩海静
版式设计：郭红玲
责任校对：张　莹
ISBN 978-7-5470-6536-5
定　　价：59.00元
联系电话：024-23284090
传　　真：024-23284448

前 言

日常生活中，说话成为我们不可或缺的一部分，也是我们与他人交流沟通最重要的方式。当然，说话很容易，因为三岁的孩子也会说话；但是，说话也很难，因为最擅长辞令的外交家也会说错话。

在人际关系和社会生活日渐复杂的现代社会，说话能力对一个人来讲非常重要。我们常说，一个人的成功，20% 取决于他的智商，80% 取决于他的情商。情商高的人，就是会说话的人。情商高的人可以流畅地表达出自己的意图，也能够把道理说得很清楚、动听，使别人很乐意接受。他们说出来的话能拨动他人的心弦，就像具有一种操纵人们情绪的魔力。在这样一个越来越注重"说"的时代，应聘面试、竞争职位、客户交流、管理他人，甚至谈恋爱，都需要我们能说、会说。人生的成功，在某种程度上可以说是口才的产物。

但是我们常常会发现，有很多人不喜欢在人前说话，有的人甚至对当众讲话感到不安和恐惧。如果不能解决此类问题，可能会对人际关系产生负面影响，从而限制个人发展。在各种环境中可能处于劣势，纵使才华横溢也很难充分发挥。

有的人认为会说话是一种感觉，是一种天分，其实这种观点并不完全正确，因为说话还是一种技巧、一门技术。如果你总是在说话这件事上吃亏，那就要好好锻炼一下自己的口才。好口才并不完全是天生的，要想把话说得高明，还需要后天的不断练习。

本书能够教你在不同的场景下与不同的人交谈时，恰当地运用各种说话技巧。全书共分为九章，从拿捏分寸、移情换位、巧妙说不、化解矛盾、进退有据、掌握主动、学会赞美、人情之道、避免尬聊等方面，全面介绍了各种各样的说话技巧。从风格上来讲，本书有别于传统的说教写法，而是以近200个真实场景为依托，详细讲述了如何在具体语境中发挥语言魅力，如何在最短的时间内学会说好、说巧的说话方法，有助于快速提升读者的说话能力，成为说话的高手。

和任何人都聊得来，世界就是你的。如果你是一个不善言辞的人，或者希望在说话上不断精进的人，通过阅读本书，你可以获得实用性较强的说话技巧，从而在与他人交流时能够说出引人注目、打动人心的话语，进而步入幸福的生活，迈向成功的职业生涯。

目　录

第二章　移情换位，主动考虑他人立场

第三章 巧妙说不，学会拒绝他人的艺术

第四章 化解矛盾，简单有效的冲突解决之道

第五章　进退有据，留有余地的说话技巧

第六章　掌握主动，成为游刃有余的职场赢家

第七章　学会赞美，人际交往中的软实力

第八章　人情之道，解锁高效社交的密码

第九章 避免尬聊，让你的沟通如鱼得水

拿捏分寸，恰到好处的沟通策略

1.面试被问自身缺点，该怎么说？

面试时，面试官问："你认为自己有什么主要缺点或不足呢？"在讲自身的缺点时应该怎么把握分寸呢？

一般说话方法：

我的缺点就是比较内向，不太会和别人打交道，有时候又比较情绪化，不过请放心，我在工作中会努力改正这些缺点。

高手说话方法：

我的缺点是所学专业相比现在的行业发展趋势略显滞后，所掌握的知识还不足以完全应对新的挑战，但是我觉得这个问题比较容易解决，我的专业基础比较扎实，通过加强学习能够很快掌握做好工作所需的知识和技能。

面试的时候谈自己的缺点时，最好联系自身较为大众化的缺点来讲，如缺乏实践经验、知识结构不甚合理、过分追求完美等。然后，再讲讲克服和改正自己的缺点，这样既体现了你的坦诚，又体现了你谦逊好学、积极上进的品质。

2.面试被问有什么优点，该怎么说？

面试的时候，面试官问："在你应聘的岗位上，你认为自己有什么优点？"在讲自己的优点时，该怎么把握分寸呢？

一般说话方法：

我的沟通能力、学习能力、执行能力都挺好的，也有广泛的人际关系，这些都对做好工作有帮助。

高手说话方法：

我做事很有计划性，工作中我都会制订计划，即使面临困难和压力，也会克服困难按照计划执行，这样既保证了效率，也能保证按时完成任务。我觉得自己的适应能力较强，去年公司调整发展方向，我被安排到自己不熟悉的工作岗位上，开始的两个月我每天都处于全力以赴的状态，很快把自己负责的业务处理得井井有条。

面试官经常会问"你有什么优点"，很多人在回答时，要么不知从何说起，要么就说得词不达意。在讲自己的优点时，要具体地讲，不要泛泛而谈，也不要夸大其词，这样才会有较好的效果。

3.面试被问从原单位离职的原因，该怎么说？

面试官向你提问："你从原单位离职的原因，可以讲一讲吗？"面对这样的问题，应该怎么说呢？

一般说话方法：

我原来的单位工资比较低，管理也不够规范，为了自己未来的职业发展，我想换个环境和平台。

高手说话方法：

其实我在原来的单位得到了很多锻炼的机会，业务能力也有了很大的提高。我之所以离职，是因为公司当时做了一些内部调整，我的岗位发生了变化，虽然我在新岗位上做得也不错，但是无法全面展示我的专业优势。我来贵公司应聘是从长远的职业生涯规划考虑的，也是希望带着自己的经验和资源，为公司创造价值。

离职原因，是一个很重要的面试问题，回答时要掌握好分寸。虽然我们可能会因为薪资不够或者对工作环境感到不满而离开，但我们不应该在面试时直接说出这些消极的理由。相反，我们应该用积极的方式来表达自己的求职意愿。

4.面试被问还有什么问题想问的，该怎么说？

在面试快要结束的时候，面试官问："你还有什么问题想问我的？"对于这个问题，怎么说才能更好地把握分寸呢？

一般说话方法：

刚才我们谈得挺多、挺全面的，我没有其他问题了。

高手说话方法：

我认为贵公司是一个很好的平台，我想了解一下我所应聘的部门或入职后参与的项目的未来规划是怎样的。另外，就是想问问，对于我所应聘的职位，公司认为最重要的技能或经验是什么？如果未来可以加入公司，公司对我的期望是什么？

面试官问这个问题并非随口一问，而是考察求职者关注什么，借以了解其求职动机，还能判断求职者的性格、格局、价值观。如果求职者问的是公司发展前景、岗位上升空间等问题，可以看出他比较有上进心。如果求职者回答"没有"，面试官可能会认为你对应聘公司或岗位没有太大兴趣。

5.面试被问若不录用你，你有何打算，该怎么说？

面试临近结束的时候，面试官问你："如果我们不录用你，你接下来有什么打算？"对于这个问题，该怎么回答呢？

一般说话方法：

我认为自己还是挺适合这个岗位的，如果不被录用，我只能接着找别的工作了。

高手说话方法：

如果这次没有被录用，坦白来讲我会觉得有点遗憾，因为贵公司这个岗位符合我的长期职业规划。当然，求职与招聘是一个双向选择的过程。从公司的角度来讲，可能是觉得我的条件和公司的岗位要求不是特别匹配，我也能够理解。如果您方便的话，可以给我一些关于这个岗位和职业方面的建议，这对我来说也是一次非常难得的学习机会。我会在面试后认真复盘总结，加强自我学习，不断提升自己。

遇到这个问题，说明你可能遇到压力面试了。这时候你要做到不卑不亢，从容面对，不要流露出过于失望或恳切的情绪，这样会显得你欠缺自信，抗压能力差。

6.领导问你以后的打算，该怎么说？

入职没多长时间，领导找你谈话，说你工作干得不错，问你以后有什么打算，你回答时该怎么把握分寸呢？

一般说话方法：

我还没有计划以后的事，现在就是先干一段时间再说，以后再做打算也不迟。

高手说话方法：

我很喜欢现在负责的工作，也做出了一些让您认可的成绩，很感谢领导的栽培。接下来我还要再接再厉，补短板、强弱项，进一步提升工作能力。公司为我个人发展提供了很好的平台，我希望自己能够不断进步，以适应公司发展的要求和行业变化的趋势。

领导对你的工作给予积极正面的评价并问你未来的计划，基本上可以确定是打算重用你的，这个时候要把握住机会。一方面，你可以表达对这份工作的珍惜和对领导的感谢；另一方面，也要表达出积极上进的态度。

7.老板问你对公司的意见或建议，该怎么说？

老板问你："小程，你到公司上班一年多了，对公司有什么意见或者建议吗？有什么想法都可以说说。"这时你要怎么说呢？

一般说话方法：

我来公司的时间还不是很长，觉得咱们公司很好的，也没什么建议。

高手说话方法：

我很喜欢咱们公司，大家干劲都很足，团队氛围也很融洽。当然了，有些地方我还在努力适应，比如财务报销，我原来的公司规模比较小，财务流程也没这么烦琐；现在来了咱们公司，财务流程上要求更严格了，审批时间也更长了，有时候会耽误一些工作。您看如果能在严格要求的基础上提高一下效率，是不是更好一点呢？

当被领导问这样的问题时，不要直接回答"没有"，这样多少显得有点敷衍。回答这个问题，你可以从自身角度出发，谈及自己切实了解、看到的事实，给出自己的建议，供领导参考。

8.领导问你忙不忙，该怎么说？

领导在办公室里面巡视了一圈，走到你身边问："小李，最近忙不忙？"你应该怎么说呢？

一般说话方法：

不怎么忙，领导您是不是有什么其他安排？您说就是了，我一定办好。

高手说话方法：

我最近正在做一个新产品的策划方案，目前做了一大半，进展还比较顺利，很快便可以拿到公司早会上与大家一起讨论。请问您是不是有什么其他的任务安排给我做？要是有的话，您尽管吩咐。如果事情特别着急，我现在就开始做，或者加个班尽快做完。

领导上班期间到你工位旁找你，可能是有什么事情想安排你做，即便如此，你也不能直接回答"不忙"，而是要说一下你手头上正在做的事情，然后说"领导，有什么事情，你尽管吩咐"。需要注意的是，领导在不同场景下问你忙不忙，你要选择不同的回答方式。但是，无论哪种场景，你都不能简单地回答"忙"或者"不忙"。

9.领导问你最近工作怎么样，该怎么说？

你在电梯里面偶遇领导，领导问你："小刘，最近工作怎么样啊？"你回答领导问话时要怎么把握分寸呢？

一般说话方法：
最近工作还好，挺顺利的，感谢领导关心。

高手说话方法：
感谢领导的关心，近期比较忙，我们部门这个月需要完成两个新项目，时间紧，任务重，难度挺大的。现在组长带领着我们每天加班加点，到月底应该可以圆满完成项目。在工作的过程中，我从组长和同事身上学到了很多宝贵经验，收获很多。工作中难免会有不足之处，还请领导抽空多指点我们。

一般来讲，领导提出这样的问题，一方面是想跟你寒暄一下，拉近彼此之间的关系；另一方面是想了解你近期的工作状况，为你的工作决策提供参考。因此，在回答这样的问题时，要诚实地说出你的工作情况，便于领导更加了解你，也利于领导做出正确的决策。

10.领导跟你说最近辛苦了，该怎么说？

你完成了一项重要任务，向领导交差时，领导对你说："小李，辛苦了！"你应该怎么说才比较得体呢？

一般说话方法：
没关系，不辛苦，这都是我应该做的。

高手说话方法：
感谢领导的关心，幸亏领导为我们指点把关，做我们坚强的后盾，我们才能顺利完成任务。我们的工作能够得到领导的认可，再苦再累都是值得的。最担心的是工作做得不好，辜负了您的期望。以后我会继续努力的，如果工作中有什么做得不好的地方，还请领导提醒和批评我，帮助我快速地成长。

领导对你说"辛苦了"，这是表达了对你努力的肯定，也是对你的慰问，让你知道他关心你。所以你要让领导知道，你受益匪浅，并且表达对领导的感谢和对待工作积极努力的态度。

11.领导问你对项目安排的意见，该怎么说？

开会的时候，一贯雷厉风行的领导问你："小张，你对公司的这个项目安排怎么看？"回答领导问话时，应该怎么把握分寸呢？

一般说话方法：

我觉得领导考虑得很周全，这样的安排挺好的，我没什么特别的意见。

高手说话方法：

我觉得这个项目安排很好，目标定得科学合理、切合实际，人力、物力和财力等资源配置都比较到位，各部门分工明确，项目进度控制、预算安排和风险管理也都有细致的考虑。我个人还有一点建议，即在项目执行的过程中，设置关键检查点，以便能够及时掌握项目的进展情况，及时调整计划。

工作雷厉风行的领导喜欢挑战和突破自己，同时也希望下属坚决贯彻执行自己的部署和安排。虽然有时这类领导也会与下属讨论项目计划，但明智的下属知道领导希望得到肯定的支持，这时下属最好举手赞成或提出补充意见让其更加完善。

12.领导让你对会议分歧发表看法，该怎么说？

你作为领导的副手第一次参加公司会议，大家对新项目实施方案的意见有分歧，领导说："小张，谈谈你的看法吧。"这时应该怎么说呢？

一般说话方法：

大家的意见各有道理，但是到底应该采纳谁的意见，还需要领导定夺。

高手说话方法：

我们这次讨论的主题是下个月的新项目实施方案，技术部的观点是引进最新的技术设备，提高技术水平，我认为原因是现在市场竞争激烈，要以此增强公司的竞争优势；预算部的观点是必须控制好成本，这也容易理解，因为成本的增加必然压缩利润空间。虽然双方的着眼点不同，但都是从公司的利益来考虑问题。我觉得我们现在需要平衡公司的具体项目收益和长远发展利益，请领导综合考虑。

你作为领导的副手参加公司会议，领导点名让你谈谈。这时你要把不同观点的利弊解释清楚，给出自己的方案或者建议，供领导参考。

13.领导在会上让大家提意见，该怎么说？

领导在公司会议上征求关于产品营销方案的建议，说："大家有什么意见或建议？可以提一提！"轮到你的时候，你应该怎么说呢？

一般说话方法：

领导，您那个营销方案是不全面的，不能适应现在的市场环境，我觉得还是需要再考虑一下。

高手说话方法：

领导，您刚才提出的加强营收渠道管理的建议，我觉得这很有必要。另外，我确实有一些新的想法，就是咱们公司不能再局限于传统渠道营收，而应该拓展新的营收渠道，比如电商直播、短视频带货等。不过我有一个问题，就是新渠道的开发，会不会影响原有经销商的积极性？请问您对这个问题怎么看？

在会议上向领导提建议时，切不可直接否定领导或者故意逢迎领导。如果领导的观点是宏观方向的，可以提一些补充性的具体建议；如果领导说的某些点对你特别有启发，可以就这个点进行延展。

14.公司会议上，你被领导冤枉了，该怎么说？

你周五将工作进度发给了领导，但是在周一例会上，领导说你自由散漫，不按时汇报工作。你回答时要怎么把握分寸呢？

一般说话方法：

我周五下班前就将工作进度发送到您的邮箱了，难道您没看见吗？

高手说话方法：

不好意思，领导，我周五下班后加了一会儿班，然后才把工作进度发到您的邮箱，可能有点晚了，之后又没有提醒您看一下。您放心，下次不会再出现这样的情况了，我一定会尽早发送工作进度，避免耽误公司接下来的工作安排。

领导因为工作冤枉你，确实对你不公平，但是如果领导不是故意冤枉你，最好不要直接反驳领导，不给领导一点面子。这时要积极寻找问题产生的原因，帮助领导解决问题，优化工作流程，避免下次再出现类似的问题。这样做对你以后的职业发展能够起到积极的影响。

15.同事问是不是该跳槽，该怎么说？

同事处理不好人际关系，工作干得不开心，问你："小王，你看我是不是该跳槽啊？"这时你要怎么说呢？

一般说话方法：

不想干就不干吧，公司的人际关系真是复杂，找好新工作，直接向公司提离职。

高手说话方法：

我觉得跳槽还是要慎重考虑。如果能找到更符合你未来的职业规划，更有助于你提升业务能力的岗位，跳槽也可以。但是如果还没找到合适的，或者找了自认为合适但是入职以后发现不合适的岗位，从短期来说可能会影响你的收入，从长期来看则可能影响你的职业生涯。其实到哪里上班都会有各种问题，你可以试着转变一下看法，调整一下人际关系。其实这也是解决问题的过程，问题解决了，自己也就进步了。

同事向你征询是否跳槽的意见，其实是对你信任的表现。这时你应该用真诚的态度帮助对方分析问题，而不是以事不关己的态度敷衍对方。

16.下属上班总是迟到，该怎么说?

下属工作能力很强，是公司的业务骨干，但是上班总是迟到。为了有效解决这个问题，你要怎么和该下属沟通呢?

一般说话方法:

你怎么总是迟到，拿工作纪律不当回事儿? 要是都像你这样，公司就乱套了。

高手说话方法:

我看你以前的考勤记录都挺好的，虽然偶尔也有迟到的问题，但是不像现在这么频繁。最近这两个月，你每周都迟到两三次，有时候甚至迟到一两个小时。这个现象不太正常，是不是遇到了什么事情，还是说心理上有什么压力? 需要我的帮助吗?

下属出现迟到问题，首先管理者应该体现出关心，而不是通过警告来解决问题。不了解迟到背后的原因，就无法解决问题。领导和下属沟通这个问题，完全可以开门见山地谈，没必要遮遮掩掩。另外，还要表达出自己有心帮忙、十分理解的态度。

17.批评下属的时候，该怎么把握分寸？

你让下属负责公司各项目跟进的工作，要求每周将各项目进度报上来，但是下属交上来的进度报表少了两个项目的内容。对于这种问题，该怎么批评下属呢？

一般说话方法：

你怎么工作的？这么简单的事情都会出错，还不如刚毕业的大学生！

高手说话方法：

我对你寄予厚望，还指望你担当大任，你现在这样的表现，可远远不够啊！安排你跟进项目，写进度报告，竟然少了两个重要项目，有什么问题吗？遇到问题要跟我说，别让问题停留在自己那里，要及时想办法解决。

领导批评下属，要从解决问题的角度出发，而且应该是善意的。批评的方式不能是一成不变的，要根据不同的下属、性格、错误的大小、性质等多方面的因素综合考虑，不能一味地批评，也不能死板地只会批评、惩罚，这不仅没有人情味，还容易引发上下级矛盾。

18.下属推荐的人才不太合适，该怎么说？

公司正在招人，下属给公司推荐了他的朋友，面谈之后，你觉得对方与公司招聘的岗位不太匹配，该怎么和对方说呢？

一般说话方法：

你工作能力挺好的，但是面谈之后，可能还是与我们的岗位需要不太匹配，很抱歉。

高手说话方法：

通过你的简历和我们今天上午的聊天，可以看出来你很优秀，但是可能跟我们的岗位需要不是很匹配。我们这个职位需要协调总公司与子公司之间的项目进度，我们期待的是一个很柔和的人，这样更利于双方的沟通。而你在面试过程中表现出来的果断和干净利落，让我们有点担心，因为你强硬的风格可能不利于开展工作。我们公司一直求贤若渴，以后如果有合适的机会，希望可以合作。

如果面试的人条件挺不错，只是不符合目前公司的用人需求，和对方讲明原因时，为以后可能会有合作机会留有一定的余地。

19.合伙人对公司经营方向意见不同，该怎么说？

你和朋友合伙经营一家公司，朋友想要扩大经营规模，但是你有不同的看法，你应该怎样说出自己的意见呢？

一般说话方法：

我不同意你的看法，虽然扩大公司经营规模对公司有好处，但是也会让公司面临很大的风险。

高手说话方法：

如你所说，扩大经营规模确实有助于增加产量和销售额，提高公司的市场竞争力，为企业的发展带来更多的机会和优势。但是，这种策略可能也会带来一系列的风险，比如大量资金投入带来的资金链断裂、管理失控、人才供应不足、生产能力不足等。我们公司成立时间短，还处于打基础的阶段，如果不能谨慎考虑各方面的风险因素，可能会导致公司发展严重受阻。

谈反对意见时，不能泛泛而谈，而是要具体地谈。反对的理由越具体、越充分，你说服别人的可能性就越大。

移情换位，主动考虑他人立场

1.面试被问怎么看待琐碎的事情，该怎么说？

面试的时候，面试官问你："有些工作会比较琐碎，请问这样的工作你是不是喜欢？"这时你应该怎么说呢？

一般说话方法：

琐碎的事情会影响工作效率，我认为我们或许可以通过优化流程避免被琐碎的事情困扰。

高手说话方法：

琐碎的事情在工作中是必然存在的，我会认真、细致、耐心地把这类事情做好。另外，刚到新的单位上班，对公司的情况还不是十分熟悉，通过做琐碎的事，可以更快地熟悉工作，进入角色。不管是什么学历、什么背景，只有把琐碎的事情做好，才可以担当大事，因为大事是由无数的小事构成的。

面试官问你是不是喜欢做琐碎的工作，真正的目的在于考察你的工作态度。从员工个人的角度来讲，多数人都不愿意做琐碎的事情，但是从公司的角度来看，琐碎的事情是难以避免的。回答这样的问题，需要站在公司的立场上来考虑。

2.面试被问入职后怎样开展工作，该怎么说？

你去一家公司面试，经过较为详细的面谈，面试官问："如果入职我们公司，你打算怎样开展工作呢？"这时你应该怎么说呢？

一般说话方法：

如果有幸被贵公司录用，我一定会尽职尽责，从各个方面提升自己的能力，把工作做好。

高手说话方法：

入职后，我会首先学习公司的相关文件和规定，尽快熟悉公司业务和具体工作内容。另外，融入团队也很重要，要向领导汇报我的工作计划，以及过往的工作经验和资源情况，制订一个合适的计划，同时在与同事的相处过程中要多沟通，尽快实现与各部门的顺畅对接和合作。

面试官问你这个问题，主要是为了了解你的工作思路。作为新入职的员工，首先要学习公司相关规定和熟悉公司环境，并且向自己的领导请示如何开展工作，然后按照领导说的去做，并制订详细的工作计划。

3.面试被问到做某个项目的经历，该怎么说？

面试的时候，面试官问："你简历上提到曾负责过一个很成功的项目，可以详细讲讲吗？"这时你要怎么说呢？

一般说话方法：

那是我负责的一个网站用户转化的项目，当时我带领团队在不到一个月的时间里就完成了公司下达的任务。

高手说话方法：

我负责的那个项目，主要目标是提高新媒体平台的用户体验和转化率。我作为项目经理，带领团队详细分析了用户需求，并据此调整选题策划方向，提升内容实用性和用户参与感。公司新媒体平台的粉丝数量很快就有了大幅度提升，转化率也有了明显增长。这个项目的成功让我体会到了营销策略和团队沟通的重要性。如果能够入职贵公司，这样的经历会对我在新的岗位上做好工作很有帮助。

面试是双方的"博弈"，在接受面试官询问项目经历时，要懂得循循善诱，扬长避短，并且将这样的经历与应聘岗位的要求联系起来。

4. 面试被问希望与什么样的领导共事，该怎么说？

面试时，面试官问："你喜欢什么样的领导，可以谈一谈吗？"对于这个问题，你应该怎么回答呢？

一般说话方法：

希望领导脾气温和一点儿，不要动不动就发脾气，也希望领导能多给自己一些锻炼的机会。

高手说话方法：

我是一个适应能力很强的人，之前遇到过性格和管理风格完全不一样的领导，但我和他们都相处得非常愉快。在这个问题上，我并没有什么偏爱，如果非要说一点的话，就是我希望如果我在工作中出现了错误，领导可以及时指出，并给予适当指导，我相信我可以快速和公司一起成长。

面试官提出这个问题，并不是为了了解应聘者的个人喜好，而是希望以此来判断应聘者的沟通能力、协作能力以及职业成熟度。我们入职一家公司，要明白领导从来就不是下属可以选择的，下属只能积极主动地适应领导的管理风格，协助领导一起把工作做好。

5.对新入职员工提要求，该怎么说？

公司有新员工入职，要以什么样的方式向新员工提要求，对方才能欣然接受？

一般说话方法：

希望你入职后能安分守己，一切以公司利益为上，如果做出让公司利益受损的事情，你会被直接开除。

高手说话方法：

每一家公司都有自己的规章制度。作为公司的员工，不仅要有良好的工作能力，还要遵守公司的规章制度。或许你不能事事都为公司考虑，但是你也不能做出损害公司利益的事情。只要能做到这一点，公司一定不会亏待你。

对新入职员工提要求，要避免表现出强烈的命令感和控制欲，就好像对方来上班，就必须以失去一部分人身自由为代价。对新入职员工提出正当的要求是很有必要的，但是在不违背公司要求的同时，也要尊重他人，能够站在他人的立场上恰当地选择自己的表达方式。

6.工作得不到别人配合，该怎么沟通？

领导给你安排了一项紧急任务，你需要同事的协助，但是同事对此并不积极。面对这种情况，你应该怎么和同事沟通呢？

一般说话方法：

这是领导安排的任务，我一个人在这么短的时间内做不完，需要你也做一些。你要是有什么意见，就找领导说去吧。

高手说话方法：

领导安排的这项紧急任务，要求在两天之内做完，他让我找你沟通一下，看能不能一起做出来。我知道你手头上的工作也比较多，可能也腾不出太多时间。我刚才想了个办法，就是你先和我一起做这个任务，明天任务完成，业绩有你一半。另外，如果你的工作也需要帮助，我再帮你做，把你耽误的工作任务补回来。你看这样行不行？

每个人都有自己的事情，我们没有资格要求别人按照自己的意愿行动，别人也没有义务配合你。但是如果你能让自己的事情与对方发生积极的联系，在此基础上的沟通会简单许多。

7.领导安排任务不合理，该怎么说？

领导出于欣赏你的目的，给你安排了一些与你手头上正在做的工作有冲突的任务，并且对你说："公司里没有比你更合适的人选了，而且这件事能够锻炼你的领导能力。"这时你应该怎么回答领导呢？

一般说话方法：

领导，我现在挺忙的，不过既然您把这项任务安排给我了，我尽快安排时间做吧。

高手说话方法：

领导，我现在正在开发一个项目，这您是知道的。现在正是关键时刻，我没有精力干别的。您安排的这个任务看似简单，其实细节上要花很多的时间来处理，如果我现在接下来，仓促把它做完，我能预想到结果可能会让您感到失望，我想这不是您所期望的。

有些员工对领导安排的额外工作来者不拒，结果让领导养成了什么事都找他的"习惯"，导致自己的工作安排混乱无序。对于这种情况，要学会站在领导的角度拒绝领导不合理的工作安排。

8.向领导提意见，该怎么说？

　　小黄是一家科技公司的总经理助理，他的顶头上司吴总是搞学术和技术出身的，经常直接插手技术部门的事，把公司的管理层级体系搞得乱七八糟。面对这种情况，小黄该怎样向领导提意见呢？

一般说话方法：

　　吴总，因为您的直接插手，现在公司的管理层级体系乱七八糟，大家私下里都怨声载道。我觉得这方面的问题我们要想办法解决一下。

高手说话方法：

　　吴总，我认为，真正意义上的领导权威包含技术权威和管理权威两个层面。您在技术研发方面的成就蜚声业内，您的技术权威在公司内很快就建立起来了；在管理权威方面，可能还有些薄弱。我觉得您如果把更多的时间和精力用在人事、营销、财务的管理上，能够更好地解决这些问题。

　　下属在提意见时，如果能够站在领导的立场上考虑问题，这有利于维护领导的权威，并且能够充分照顾领导的自尊心，因而容易被领导接受。这种说话方法的巧妙之处是，它兼并了上司的立场，这无疑是一种向上司提意见的上等策略。

9.下属对升职加薪评定不服，该怎么说？

在年底的升职加薪评定上，失去机会的下属不服气，找你询问原因。作为机关领导，你该怎么回答下属呢？

一般说话方法：

今年的升职加薪名额已经确定了，没评上的话，继续努力吧。

高手说话方法：

你是一个尽职尽责的好员工，按照公司的规定，你可以得到全年的满勤奖金和相应的岗位津贴。但是，升职加薪，还要看工作业绩是否有较大的突破。你也知道，公司有几位表现优秀的员工，在这方面都做得很好。如果明年你再努力一下，我认为你还是很有希望的。请你放心，公司会尊重并公正地评价每一位员工，尤其是你们这些兢兢业业的好员工。

对于那些过于关注自身利益、缺乏全局观念、看问题往往比较片面的员工，可以采用"两分法"来进行说服和引导。这种方法主要关注两个方面：帮助他们正确认识自己和正确对待他人。在这个过程中，应尊重员工，顾及对方的尊严，这样才有利于说服对方。

10.指出下属存在的问题，该怎么说？

下属的工作方案做得不太好，没有达到公司要求，作为领导，你应该怎么指出下属的问题，提出自己的意见呢？

一般说话方法：

你这个方案没有达到公司的要求，再拿回去想想吧。

高手说话方法：

辛苦了，看得出这个方案你花了不少心思，不过其中还是存在一些问题，比如在一些细节上，有的地方过于笼统了，具体实施的时候可能会不太顺利。如果把这些细节再完善一下，相信这个方案会更好。你也不要有压力，修改方案是很正常的事情，继续努力，看好你！

当下属在工作中出现问题时，不要一上来就批评和否定。否定之前可以先给一个肯定，哪怕是其中的一部分，或者是工作态度。然后再具体指出员工的问题，提出需要改进的"特定"问题表现。指出问题之后，还应该再一次给予下属肯定与支持，让下属能够快速从负面情绪里走出来，更好地投入到工作中。

11.给下属布置工作，收尾的话该 怎么说？

给下属安排项目的规划与实施工作，总结和收尾的话怎么说才更合适呢？

一般说话方法:

刚才我在会上做出的安排和部署，大家都听明白了吧？没什么问题的话，散会后就开始行动吧。

高手说话方法:

我们这次会议内容，明确了如下内容：项目计划，包括任务分配、时间表、预算和风险管理计划；项目的设计和开发，包括制定技术方案、设计系统架构等；项目的施工与管理，包括组织施工队伍进行建设、监控项目的进度和质量、项目验收和交付等。对各项任务的分工、安排和部署，我刚才都说清楚了吧？

领导给下属布置工作，在确定下属是否理解时，最好不要问"你们听明白了吗？"而是改成"我说清楚了吗？"因为后面这句话意味着自己承担责任，下属不懂是自己没说清楚，这表示了领导对下属的尊重。

12.下属抗拒工作安排，该怎么说服？

你把工作任务分派给下属，下属却直接拒绝了。这种情况你要怎样和下属沟通，高情商说服他呢？

一般说话方法：

公司安排的工作、分派的任务，你不想做就不做？要是都像你一样，不就乱套了吗？

高手说话方法：

公司安排的工作，你一向都是比较积极的，这次是怎么回事呢？对于这项工作安排，你可以谈谈自己的看法，是不是觉得工作安排不合理，或者奖励分配不公平，或者工作难度比较大，或者公司给的支持和帮助不到位？有什么意见或建议你可以当面提出来，我们一起解决。

当下属直接拒绝工作安排时，作为领导要保持冷静和理解，与下属进行开放和平等的沟通，寻找解决问题的办法，让团队协作更加顺畅。这种处理方式，有助于建立一个更加和谐、高效的团队。

13. 下属受到处罚，找你诉苦，该怎么说？

下属在工作中出现失误，给公司造成损失，被罚款 1000 元。他心里觉得很委屈，找你诉苦，你应该怎么说呢？

一般说话方法：

犯了错误，就要承担相应的后果，公司这么做，也是为了让你不再犯同样的错误。

高手说话方法：

你在工作中一向认真负责，这次却因把关不严，导致产品合格率不达标，产品上市的时间也延迟了，公司因此遭受了损失。出现这种情况，按照公司规定给予员工适当的罚款也是合情合理的，我作为分管领导，也被罚了 1000 元，所以这不是针对你个人的。我们在接下来的工作中要以此为戒，如果表现优秀，公司会给你发放相应的奖金。

作为领导，应以理性和客观的态度来对待员工的诉苦，同时也要关注员工的感受和需要。通过良好的沟通，可以帮助员工理解公司的立场和要求，促进公司与员工之间的良好关系。

14.客户说不需要你推销的产品，该怎么说？

你向一个大客户推销自己公司的产品，对方说："我们不需要。我们与一家欧洲公司合作很久了，一直用对方的产品。"你应该怎么说呢？

一般说话方法：

这不影响我们之间的合作吧，你们可以多选择一家合作方。

高手说话方法：

贵公司对这类产品需求量很大，如果长期锁定一个独家供应商，未来风险会比较大。因为对方是行业独家，如果有一天他恶意涨价，你怎么办？万一产品质量出现问题，临时更换合作方，是不是来得及？如果我们合作，生产线是可以共建的，我们按照你们所需产品规格单独建一条生产线，随时可以保证产品供应。在价格方面，可以根据材料行情来调整报价，并且把这个计算方法写进合同里，这样你们就不用担心恶意涨价了。

客户在刚开始可能并没有明确的需求，这时我们就要想办法帮对方创造需求，比如帮客户提前发现潜在的风险。在这个基础上多走一步，就有可能说服客户。

15.客户说你推销的产品价格太贵，该怎么说？

你向顾客推销一款产品，对方说你推销的这款产品质量不错，但就是价格太贵了，作为销售人员，你应该怎么说呢？

一般说话方法：

质量好价格自然就会高一点儿，您也知道，一分价钱一分货嘛。

高手说话方法：

您要是觉得这款产品贵的话，我们也有便宜一点儿的同类产品，比您看中的这款要便宜500元。您今天要是预算不够的话，可以直接购买这款便宜的产品。但是说实话，不管是从外观、功能，还是耐用性上，还是贵一点儿的这款更好。别看它价格稍贵了一点儿，总体上看，还是购买这款产品更划算。

当顾客提出产品价格较贵时，可以使用文中所述说话方法把销售的阻力变成购买的动力。这种方法实际上是把顾客提出的产品的缺点转化成优点，并且使其成为客户购买的理由。

16.新品营销费预算太高，该怎么拒绝？

下属拿着新产品营销计划前来汇报，请求批准，作为领导，你觉得营销预算费用太高了，这时你应该怎么回复下属呢？

一般说话方法：

你这个营销计划不行，费用太高了。

高手说话方法：

你提出的这个营销预算费用，比产品研发费用还要高，这在很大程度上压缩了利润空间。这还是在此方案覆盖面比较狭窄的情况下，如果进一步扩大营销覆盖范围，营销费用会进一步提高，这是公司很难承受的。如果这是你的公司，你会这样做吗？所以请你再考虑一下，重新制订营销计划。

这种说话方法其实就是换位沟通，要求我们设身处地地站在别人的立场上，来理解别人的想法和需要。因为懂得换位，领导只用一句话，就代替了一场可能喋喋不休的谈话，既节省了时间和精力，也节约了沟通成本。

17.合作方要提高服务费用，该怎么说？

公司租用酒店开展培训业务，生意很好，酒店提出场地服务费用提高2倍。作为公司相关负责人，对合作方突然提价，你要怎么说呢？

一般说话方法：

你们这次突然涨价，而且涨这么多，是不合理的，我们再商量一下吧。

高手说话方法：

收到你的涨价通知，我很理解，如果你们把酒店的这些房间出租供舞会或会议使用，收取的费用可以比现在高2倍。而这些房间租给我们当作培训场地使用，价格确实便宜了一些。但从另一方面讲，我们的培训业务吸引了很多有文化的人来你的酒店，这对你们酒店来说其实是很好的广告；如果我们因为价格过高而另寻他处，对你们来说也是一种损失。希望你能仔细考虑一下，权衡一下利弊，控制一下涨价的幅度。

这种说话方式的高明之处在于关心对方的利益，站在对方的角度设身处地地为对方着想，指出其利益所在，并在此基础上达到自己的目的。

18.谈判对手表示无奈让步，该怎么说？

谈判的过程中，谈判对手说，这次我做出一些让步，就按照你说的条件，我们达成合作吧，你应该怎样回答对方呢？

一般说话方法：

按照我说的条件就对了，现在市场都是透明的，行情大家都了解，我找谁进货都一样。

高手说话方法：

怎么能说是你让步了呢？签完这份销售合同，你不仅完成了公司下达的销售任务，还取得了前所未有的突破。即便你在产品单价上让了一点儿，但是我要的货多，你们公司赚得也多。你老板要是怪罪下来，我去帮你说。以后我们可以长期合作，我需要进货，就找你下单，你看怎么样，够意思吧？

这种说话方法称为"用面子换里子"。面子，就是给对方台阶下；里子，是实实在在的利益。很多销售高手，在逼对手让步的时候，并不会一味地施加压力。相反，他们会非常贴心地帮你找台阶，给你做足面子。明明是你让步了，但是他会站在你的立场说话，让你感觉很舒服。

19.年龄老大不小了，父母催婚，该怎么说？

小王三十多岁了，还没结婚，但是她也不着急找对象。过年回家，面对妈妈不厌其烦的催促，小王要怎么说呢？

一般说话方法：

知道了，老妈不要再催了，这事放在日程上，放心好了。

高手说话方法：

老妈，您女儿这么优秀，您还担心找不着对象吗？难道没结婚、没对象，会影响您女儿的优秀吗？我知道您都是为了我好，其实您的愿望跟我的愿望是一样的，都是希望我将来能够生活幸福。如果仓促找了一个不合适的人结婚了，那婚后的日子肯定会很难过，过不到一起还要离婚。您说这是不是不值得的？

应对长辈催婚的问题，首先要找到你和长辈的共同目的，以此作为开端，接下来的沟通就会顺畅很多。因为对方知道了你理解他，从而能够让他从原来的惯性中跳出来，营造一个良好的沟通氛围。

第三章

巧妙说不，学会拒绝他人的艺术

1.拿到offer不想去了，该怎么礼貌拒绝？

你去一家公司应聘，经过三轮面试，终于拿到了 offer，但是这时你有了更好的选择，不想去这家公司上班了，你要怎么拒绝呢？

一般说话方法：

不好意思，我接到了更为满意的 offer，不能到贵公司入职了，请理解。

高手说话方法：

您好，非常感谢您和公司对我的认可，这次机会对我来说十分珍贵，我也特别喜欢贵公司。但是考虑到自己的职业期望与规划，另一家公司可能更适合我的专业方向和未来发展。如果因此给贵公司带来的不便，还请谅解，希望贵公司能找到更加适合这个职位的人选，若今后有机会也非常希望能再次合作。这次真的很抱歉，希望能够得到您的理解。

拒绝应聘公司给的 offer 时，要表达感激、给出理由、肯定并赞扬对方，以维持一个良好的职业关系。每一次求职过程都是一个展示你个人修养的机会。无论你是否接受这个 offer，都要以尊重的态度对待招聘方。

2.应聘人员薪资要求过高，该怎么应对？

面试时，有一位应聘人员各方面条件都不错，很符合公司的要求，但是对方薪资要求过高，作为HR，你该怎么应对呢？

一般说话方法：

你提出的薪资要求已经超出公司的预算和上限，我们还要再考虑一下。

高手说话方法：

你也知道，我们公司规模比较大，在业内很有影响力，公司内部有良好的管理体系，优秀员工都有良好的职位晋升和加薪空间。我们的薪资包括基本工资、岗位薪资、绩效薪资和年终奖。总体来看，你入职后总的收入还是可以的，基本上满足了你的薪资期望。当然，如果表现非常优秀，公司还会有期权激励。我们公司希望你能加入，作为HR，我会在力所能及的范围内为你争取。

有的 HR 在谈薪资时只是为了谈薪而谈薪，应聘人员问薪资时，只说一个数字，没有太多沟通的技巧。实际上，面试的过程不仅是应聘者展示自身的过程，同样是企业展示优势的过程。

3.原单位领导希望你回去上班，该怎么说？

出于种种原因，你从原单位离职了，过了一段时间，原单位的领导给你打电话，说想让你回去上班，但是你不想再回去，要怎么拒绝呢？

一般说话方法：

真的很遗憾，我现在已经找到了新的工作，不能再回去了。

高手说话方法：

非常感谢您对我的信任和肯定，但是现在我在新单位干得挺好的，也取得了一些成绩，并能够继续扩展我的技能和经验。从长期的职业规划来看，我觉得现在这份工作对我事业的发展有很大的帮助，因此我非常投入，近期不会离开目前所在的单位。这次真的很遗憾不能再与您一起共事，要是以后有机会希望可以合作。

领导在你离职之后，再次邀请你回去做事，说明是认同你的。不论是否回原单位上班，都要和对方好好沟通，向对方表示感谢、说明原因，不要因为对方主动找自己就摆谱，或者爱搭不理。

4.领导安排你做不擅长的工作，该怎么说？

你本来是做办公室行政工作的，领导却把新产品营销方案设计的工作交给你来做，但是你根本不熟悉这类工作，觉得做不好，你该怎么和领导说呢？

一般说话方法：

领导，这样的工作我都没怎么做过，而且设计软件都不太会用，您还是找别人做吧。

高手说话方法：

领导能把这份工作交给我做是对我的信任，我认真考虑了一下，觉得或许可以做一些辅助的工作。前两年我就被赶鸭子上架，临时做了一次产品营销方案，结果产品部和营销部的同事都不满意，后来又换了别人做。我建议由能力突出、技术精湛的小赵来负责这份工作，我给他打下手，帮忙找找资料，相信也是有帮助的。

领导让你做自己不擅长的工作，即便你觉得自己不能胜任，也不要直接拒绝，而应该委婉地说明原因，一方面显得尊重领导，另一方面也是给自己找个台阶下，避免当面拒绝领导的尴尬。

5.领导安排你办私事，该怎么说？

领导总是占用你的周末休息时间，让你帮他写一些工作报告和工作总结，遇到这种情况，你该怎么说呢？

一般说话方法：

领导，最近我太忙了，都没有太多自己的私人时间，您看您这件事能不能再想想别的办法？

高手说话方法：

领导，这次您让我写的部门工作总结和给老板的工作报告，我写完了，您看看可不可以，也希望能在您的指点下把这件事做得好一点儿。另外，您看这些事情我们能不能在工作日的时候安排一个固定的时间把它做出来，因为最近家里事情比较多，周末基本上很少有空闲时间了，您在周末安排工作，我要是因为自己的事情比较多而耽误了您的事情，那多不好。

如果领导经常利用你的节假日时间让你给他办私事，你可以委婉地拒绝他，因为这是在利用自己的职权来绑架下属。如果你的领导很少求人办事，或者请你做举手之劳的事，则说明领导认可你，你完全可以答应他。

6.异性领导单独约你吃饭，该怎么说？

部门领导过生日，单独邀请你晚上和他一起吃饭，作为女生，你觉得这样不太合适，这时该怎么说呢？

一般说话方法：

不好意思，领导，我今天晚上有事，没办法去了。

高手说话方法：

领导，首先要祝您生日快乐啊！今晚和闺蜜约好了，要一起去医院看望她妈妈的。阿姨最近身体不好，上周做了个手术，已经住院一周了。这事儿两天前我和闺蜜就说好了，临时再改时间也不太好。您的生日还和我分享，真的是很感谢，虽然不能去，但是我都能想象到您的生日聚会上开心的气氛！

异性领导约你吃饭，出于某种原因你并不想参加，可是直接拒绝又有点伤人，毕竟多数邀请还是出于好意，而且又是同事，低头不见抬头见。面对这种情况，可以使用善意的谎言来解围，让彼此之间不过分尴尬。

7.你认为领导的某些说法不对，该怎么说？

开会的时候，你认为领导的某些说法不对，该怎么委婉地提出来又不伤害领导的面子？

一般说话方法：

领导，刚才您说得不太对，如果以此为基础做决策，可能会影响公司的发展速度。

高手说话方法：

领导在对市场的分析和研究方面，一直走在行业前端，您提出的意见大家都很重视，也应遵照执行。在目前的市场环境下，产品营销渠道比较分散，传统渠道日渐式微，短视频和直播带货异军突起。短视频和直播平台也开始发布各品类销售额统计数据，此类渠道的增长速度超过了领导刚才的估算。我觉得，如果我们在新兴渠道上加大投入，效果也许会更好。这是一点不成熟的建议，供领导参考。

表达与领导不同意见时，可以先对领导的意见总体表示赞同，然后再以补充领导意见的方式提出自己的看法，切记要以事实为依据，用词要温和，语气要委婉。

8.领导组织饭局，你不想去，该怎么拒绝？

周末的时候，领导安排了一次团队成员的聚餐，但是你不太想去，该怎么拒绝领导呢？

一般说话方法：

领导，我也很想去，但是因为这周末有事，不能去了，希望您能理解。

高手说话方法：

感谢领导的邀请，我感到非常荣幸，也很想参加这次聚会，但是这周末我和家人还有其他安排，您看以后如果还有机会的话，再一起吃饭行不行？如果不是有特殊情况，我一定会去的，这次不能和大家相聚，我也觉得很遗憾，希望领导能体谅，也希望您和大家玩得开心，度过一个愉快的周末。

推辞领导的邀请是一个需要细心和技巧的事情，要根据具体情况来选择适当的方式。无论选择哪种方式，都应该保持礼貌，不给对方留下任何不良印象。若能通过巧妙的交流技巧，在保证自己时间的前提下，和领导建立更加稳固的关系，无疑是更加聪明的选择。

9.不会喝酒的人，怎样应对别人的劝酒？

入职新公司没多久，公司组织聚餐，领导劝你喝酒，但是你根本不会喝酒，该怎么和领导说呢？

一般说话方法：

不好意思，领导，我不会喝酒，所以就不喝了吧，希望大家喝得开心。

高手说话方法：

感谢领导对我的厚爱，虽然到公司上班的时间还不是很长，但是跟着您学到了很多业务知识和做人的道理。在您的带领下工作，我特别开心。以后有什么工作，您尽管吩咐，我一定尽力做好，不辜负您的期望。因为我对酒精过敏，不能也不会喝酒，今天就以茶代酒，敬大家一个。

没有人不喜欢被赞美，哪怕是虚伪的赞美，通过赞美对方就会对你产生好感。当你说出赞美的话，就是给足了领导面子，领导会心情大好，这时你是喝酒还是喝茶都不重要了，领导也不会生你的气，自己也能全身而退。

10.同事经常推活儿给你做，该怎么拒绝？

同事小张特别会推活儿，总是借口自己忙不过来，找领导诉苦把分内工作推给你。面对这种情况，你应该怎么说呢？

一般说话方法：

他这些工作我没法做，您还是让他自己做吧，要么您安排其他同事帮他做。

高手说话方法：

领导，大家都是同事，齐心协力才能共同进步，工作本来也需要相互支持，帮帮小张也是应该的，但是我自己的工作还没干完，为帮小张完成任务而耽误自己的分内工作，这叫本末倒置，也不利于公司整体工作的开展。您可以让小张先把工作接下来，如果他真的忙不过来，需要我帮忙的话，我肯定会搭把手的。

工作中经常会有喜欢推托的同事，他们想要晋升、占好处却又不愿意干活儿，想要用最少的付出获取最大的收益，对这些人的推托行为要学会委婉拒绝。拒绝不了也要明确责任，自己只是暂时帮忙，最终出了问题不要把自己推出去。

11.老同事越过领导给你派活儿，该怎么说？

你刚入职新公司，几个老员工就不断派活儿给你做。面对这种情况，你要怎么说呢？

一般说话方法：

我有自己的工作要忙，你们自己的事还是自己做吧。

高手说话方法：

作为公司的一分子，我非常愿意在各位同事有需要时提供帮助。但是，作为新入职的员工，我需要抓紧时间熟悉本职工作，尽快把领导交代给我的各项任务完成好。另外，我作为新人，对各位同事的工作内容并不是很熟悉，如果因此出了差错，甚至对公司造成损失，不仅责任难以承担，也会耽误工作进展。如果大家确实需要帮助，可以向领导说明情况，领导安排下来，我一定会在所不辞。

面对老员工越过领导给你派活的问题，我们需要冷静分析、妥善处理。通过正面沟通、委婉拒绝和坚定立场，我们一定能够赢得同事的尊重和认可，为自己创造一个良好的工作环境。

12.同事想出油费搭顺风车，该怎么说？

同事小叶上下班和你走同一条线路，她表示可以每月给你 200 元油费，希望每天可以搭你的车上下班，而你有自己的顾虑，应该怎么和对方说呢？

一般说话方法：

这不是钱的事，只是我觉得有点不方便，你家门口就有公交车站，坐公交车上下班也比较方便吧。

高手说话方法：

因为顺路，我开车捎着你上下班本来也没什么，只是如果每天都这样的话，我们早上出门和晚上回家的时间要完全一致才可以。我开车上班主要是为了送孩子上学方便一些，因此早上从家里出来的时间比较早。另外，工作上的安排也难以预料，加班是家常便饭，而且我们属于不同的部门，加班安排也不一样，时间也不是我们两个人可以自行协调的。

同事找你搭顺风车，一两次倒还好，但是次数多了，有可能会引起误会。拒绝时一定要注意措辞，语气尽量要委婉一些，以免影响同事关系。

13.员工提出加薪，公司无法满足，该怎么说？

入职近两年的员工小王提出："我在公司一直兢兢业业，希望工资能够有一定幅度的上涨。"但是公司很难满足小王的加薪要求，作为领导，你该怎么说呢？

一般说话方法：

现在这种大环境下，涨工资是比较困难的，你也知道现在的就业形势，有一份稳定的工作已经算是不错了。

高手说话方法：

你这段时间的工作业绩还不错，提出加薪的要求也可以理解。但是你也知道，这段时间公司的经营状况也不景气，今年做的几个项目结款周期也比较长，暂时很难给员工更高的薪资，等过了这个难关再给你调整薪资吧。公司很重视员工的成长，下个月准备安排你去参加一个为期两周的培训，这对你以后的职业发展会很有好处。

员工要求加薪，不妨先表明态度，给员工一颗定心丸。然后再给出一个合理的理由，让员工理解公司的处境。接着可以尝试把加薪换成其他奖励方式，为员工提供更多的发展机会。

14. 亲友想要找你低折扣进货，该怎么说？

小钱今年开始做进出口贸易生意，身边有亲朋好友找上门来，希望凭着比较亲近的关系低折扣拿货，这时小钱要怎么说呢？

一般说话方法：

这个生意真的不好做，现在这个价格，很难再降了，再往下降就要赔钱了。

高手说话方法：

大家都是亲朋好友，如果说从我这里拿一两件产品自己用，价格再低点都没关系，甚至免费送你们都行。但是，我都是进了货拿到市场上去卖的，从长远的价格管控角度来考虑，这个产品的价格体系都是不能变的，否则这个产品的营销管理就乱了。亲朋好友来拿货，也是对我的支持，我非常欢迎，所以对关系很亲近的生意伙伴，都会附赠一份精美的礼物，以表达谢意。

谈生意时，将生意条款硬性软说其实是一种技术。拒绝对方时，如果能用情感交流的方式或者替补方案来弥补这个缺憾，那么它就是最合理的拒绝方式。

15.产品即将上市，客户把价格压得过低，你该怎么说？

你代表公司和客户谈新产品的发货价格，对方把价格压得过低，你该如何既不破坏双方的合作关系，又能高情商地拒绝客户呢？

一般说话方法：

你们给的价格太低了，如果坚持这个价格，我们的员工只能去喝西北风了。

高手说话方法：

您说过，要实现双方的共赢，但如果我方接受了贵公司给的价格，意味着我们将做亏本的生意。我们给贵公司的价格，已经是我们公司能承受的最低价格了。虽然贵公司提出的要求我们非常理解，但我们确实是力不从心。您是代表公司来谈判，公司在进货价格上有要求，我们也可以理解。对您个人在这次谈判中表现出来的品质和修养，我们深表赞赏，期待以后还有合作的机会！

这种拒绝方法其实是"拒绝事情，认可人"，以迂回的方式缓解谈判氛围。在使用拒绝技巧时，要根据具体情况灵活运用，同时也要注意把握好自己的语气和表情，避免冒犯对方。

16.客户行程安排不合理，该怎么拒绝？

外国客户要来中国洽谈生意，客户在一年前就已经安排好了行程，洽谈时间有可能会赶上中国的春节，但外国客户又不愿意改时间，你该怎么拒绝对方又不破坏合作关系呢？

一般说话方法：

抱歉，我们在春节期间都放假，您不修改行程，到时候我们单位都没人接待您。

高手说话方法：

您管理着一家很大的公司，各项事务都比较繁忙，如果到外面出差或者出访，都需要由秘书提前安排好行程，这我们知道。您来中国的行程是一年前就安排好的，我们也知道。但您知道吗？我们的春节是五千年前就安排好了的，这是没办法改的。所以还是希望您更改一下行程，为表达合作的诚意，我们将热情接待。

对于一些用常规方法无法解决的问题，不可"横冲直撞"，强行解决，而要换一个思路，将问题转化，从而使问题圆满解决。

17.陪客户吃饭，身体不适不能喝酒怎么说？

小韩是公司的销售经理，客户远道而来，他陪老板出席招待，因为身体不舒服，他不得不放下酒杯，这让端着分酒器的客户不太畅快，这时小韩应该怎么说呢？

一般说话方法：

不好意思，王总，今天本来应该陪您好好喝几杯，但是因为我身体不舒服，实在很抱歉。

高手说话方法：

今天能陪我们刘总和王总一起吃饭，我感到非常开心。我和王总虽然还没有见过面，但是我们在电话里聊得很开心，今天总算见到王总了，我真想和您连干三大碗！可是最近我这身体不给力，正发痛风，为了王总下回大驾光临时我能喝六大碗，这回就只能放下酒杯了，还请王总谅解。

如果自己的身体情况不允许或不胜酒力，最好不要硬着头皮喝酒，那样反而会破坏原有的活跃气氛。在这种场合下，其实重点不是酒，而是情，这时强调对情分的认可，比不言不语地干一杯酒效果好得多。

18.别人找你借钱，如何拒绝又不伤感情？

平时来往不是很多的朋友，有一段时间忽然频繁联系你，最后终于向你开口说想找你借钱。你该怎么拒绝又不伤害朋友之间的关系呢？

一般说话方法：

不好意思，我现在手头也比较紧张，没有钱借给你，要不你再问问别人吧。

高手说话方法：

你刚才说想要借一些钱做点小生意，这个想法可以。谁都会遇到难处，谁都有需要找别人借钱的时候，看到你对未来的规划，我也很想帮你，但是我的钱因购买理财产品而冻结了，拿不出来，现在手头上没多少钱，就是留一些日常开销的钱，你要是两个月前来找我，那时候是有钱借给你的。

是否愿意把钱借给别人，还需要具体情况具体分析。如果亲友因为生活所迫向你借钱，有能力的话，可以在自己能承受的范围内借给他们。如果是借出去的钱不确定能否收回，那你可以委婉地拒绝对方。

19.老公总是很晚回家，该怎么说？

老公经常加班，因工作压力大还经常喝酒，每天很晚回家，为了让这种情况不再继续，你应该怎么说呢？

一般说话方法：

你就知道喝酒，天天都是半夜才回来，你心里还有这个家吗？以后再喝酒就不要回来了！

高手说话方法：

这个星期你天天都是很晚才回来，而且每次都喝了很多酒，看到你这个样子，我感到很难过，我不希望你这样。你在工作上有什么压力，难道不能回来和我说说吗？你知不知道，我很担心你的健康和安危。我们是一家人，本来应该有更多的时间一起相处，如果这个工作让你不堪重负，可以辞掉，再换一份工作。我不要求你挣很多的钱，只想让你有一个健康、开心的生活状态。

这是一种在亲密关系中向对方说"不"的方法，可以理解为非暴力沟通。妻子说出了自己的感受与需要，也表达了对丈夫的体贴和期待，这有助于化解夫妻关系中的问题，让双方相互理解。

化解矛盾，简单有效的冲突解决之道

1.面试被问和领导有分歧怎么办，你要怎么说？

你去面试一个岗位，面试官问你："你如果到我们公司上班，工作中出现了和直属领导意见不合的情况，你会怎么做呢？"这个问题该怎么回答呢？

一般说话方法：

那还是要听领导的，领导做出决策，自然有他的道理，我的工作主要还是负责执行。

高手说话方法：

如果与领导产生分歧，首先我会反思自己的看法，因为很多分歧都是因为双方站在不同的角度看问题而产生的。如果是我考虑不周，我会及时修正自己的看法。如果我觉得领导的看法或决策不对，我会再和领导沟通，尽力说服领导。但如果领导已经最终做出决定，并且领导的决定不违背公司的原则、规矩和根本利益，那么这时我要做的就是坚决执行。

面试官问这个问题，目的是想看看求职者的原则性以及沟通能力和执行力。有分歧不可怕，关键是有了分歧以后怎么沟通和处理，这才是职场人应该注意的。

2.面试被问受到同事排挤怎么办，要怎么说？

你去面试，面试官问："如果你的业绩很好，领导给你升职加薪，但是你因此受到同事的排挤，你会怎么做？"这个问题该怎么回答呢？

一般说话方法：

我的成绩是通过自己的努力得到的，其他人要怎么做，那是他们的事情，我才不去操心，也并不想因此分散精力。

高手说话方法：

自己的付出得到领导的肯定是件好事，我会更加努力去提升自己的工作能力。当然了，一枝独秀的个人表现未必能够促进整个团队的进步，今后我会加强跟同事之间的沟通和互动，反思我在某些方面是否做得恰当，是否影响了与同事的关系以及人际关系，如果有的话，我会积极改进，和大家共同进步。

大多数公司都是注重团队效能的，因此我们既要努力提升个人表现，也要增强团队合作意识。自己做出业绩的同时，也要维护好同事关系，这样才有利于个人的长远发展。

3.同事和你产生争执，该怎么缓和气氛？

在项目推进的过程中，同事和你因为工作问题出现争执，该怎样高情商应对，才能不让矛盾升级？

一般说话方法：

你这个做法就不对，只考虑自己，不考虑别人。大家要是都像你这样，工作还怎么干？

高手说话方法：

我们坐在一起讨论和沟通这个项目的推进方法，目的是共同把事情做好，高质量完成任务，而不是为了证明你对我错，或者我对你错。真正的智慧来自我们可以真诚地讨论彼此的不同，而不是各吹各的号、各唱各的调。我们刚才的情绪都有点儿激动，现在应该冷静下来，在充分沟通的基础上达成共识，齐心协力把工作干好，好吗？

在工作中，同事之间容易发生争执，有时双方会搞得不欢而散甚至心生芥蒂。如果遇到不合作的同事，首先要保持冷静，以顾全大局的心胸、耐心和对方沟通，不要让自己也成为一个不能合作的人。

4.同事甩锅给你，怎样高情商应对？

为了向领导汇报工作，同事向你要了你之前统计的销售数据资料，然后写成工作报告交给了领导。结果领导开会的时候说同事的汇报材料里面的数据是错的，同事立刻就把销售数据出错的责任推给了你。这时候你该怎么说？

一般说话方法：

本季度各个月份的销售数据统计我一起发给你了，你使用本月销售数据资料的时候，就不知道认真核实一下吗？

高手说话方法：

我刚才看了一下报告，里面的数据确实不对，因为那是上个月的。我电脑上也有本季度各个月份的销售数据统计，我发给小王的时候他可能没有仔细看，把上个月和本月的数据弄混了，所以出了差错。没事领导，这个问题我来解决，马上调整修改好发给您。

在职场上，学会表达很重要，如果同事总是把锅甩给你，那么说明你不太会表达。遇到这种情况，不能慌乱，更不能愤怒，要以事实为依据沉着应对。

5.遇到同事抢功劳，该怎么说？

你做了几天的方案，想让同事小王提一下建议，没想到小王稍微改了一下马上就发给了领导，领导召集大家开会讨论这个方案。面对这种情况，你要怎么说呢？

一般说话方法：

领导，这个方案是我花了好几天时间才做好的，不是小王做的。他把我的方案当成自己的工作成果发给您。

高手说话方法：

领导，这个方案其实只是我写的草稿，是想让小王看一下提提建议的。都还没有定稿，还有一些比较重要的内容需要补充，他可能比较着急，就直接发给您了。真是对不起，这是我的问题，是我没有和小王说清楚。这个方案我可能要拿回去补充修改一下，今天下午下班前给您发最终的版本，您看可以吗？

在职场上，其实这样的事情时常发生，我们在努力工作的同时，也要学会保护自己。通过上述说话方式，不仅可以让领导知道方案是你做的，还可以让领导知道你是一个有担当的人。

6.同事向你抱怨领导，该怎么说？

午休的时候，部门同事向你抱怨你们的分管领导："分工非常不合理，我的活儿根本忙不过来。"面对这种情况，你该怎么说呢？

一般说话方法：

我也觉得领导安排工作的时候欠考虑，有的人忙得连轴转，有的人整天闲着没事干。

高手说话方法：

你说的这种情况我还不是很清楚，所以我也不知道说什么好。不过他要是工作安排不合理，我觉得可以和他当面提出来，领导对下属也是要一视同仁的。难得休息一会儿，咱们就不讨论他了，我打算在网上买本书，就是那本被最近正在热播的电视剧带火的同名小说，你帮我参谋参谋，这本书怎么样呢？

不管领导的为人如何，背地里说领导的坏话都是忌讳。同事之间的关系其实是"动态"的，随时都有可能发生变化，那么你说的话随时都会传到领导耳朵里。面对这种情况，你可以借故走开或者转移话题，不要被别人的情绪感染。

7.下属公开顶撞你，该怎么应对？

开会的时候，下属当众顶撞你，你作为领导该怎么说才能化解冲突、稳住局面呢？

一般说话方法：

小周，你怎么回事？我们这是在开会，你眼里还有没有领导？

高手说话方法：

小周，我们今天开这个会是为了总结上个项目的经验，请你冷静一下，可以吗？我知道你这几天有情绪，如果你觉得哪方面的工作安排有问题或者对我个人有意见，散会后我们再沟通交流，我随时欢迎，你看好不好？如果你在工作中确实有困难，我们一起想办法解决。我解决不了的，我会向老板汇报，请你多一些耐心。

有些领导面临下属的公开顶撞会非常恼火，当场对下属发飙，但是这样做的结果往往适得其反。出现这种情况，首先要保持冷静，展现你作为领导宽容的一面，疏导下属的不良情绪，然后通过充分的沟通和交流寻找解决问题的办法。

8.下属受到批评，提出离职，你该怎么说？

下属工作没做好，受到批评，表现得比较情绪化，随即提出要离职。作为领导，你应该怎么化解呢？

一般说话方法：

这么简单的工作你都能出错，还批评不得，你这是什么态度，不想干就走吧！

高手说话方法：

如果你因为受到批评就向公司提出辞职，我当然尊重你个人的想法，但是我认为你现在这个离职的决定很轻率，因为可以看出来你现在比较冲动，我可以给你三天的时间你好好想一想，只是因为被领导这么一点儿批评就贸然提出辞职到底值不值得。你先回去吧，等你冷静下来，想明白了，我们再聊聊。

当员工受到批评时，他们可能会感到挫败、压力和不满。如果批评不合理或不公正，员工可能会对公司产生不信任或失去对工作的热情。这时你就要疏导矛盾，引导他控制情绪，然后找一个合适的机会劝解他。

9.下属越级汇报工作，你要怎么应对？

你是部门领导，下属总是越过你直接向公司领导汇报工作。面对这种情况，你要怎么和下属沟通呢？

一般说话方法：

小孙，你最近在工作中遇到什么问题不与我这个部门领导商量，而是直接找公司领导汇报，你这样做是什么意思呢？

高手说话方法：

小孙，你最近是不是遇到什么棘手的事情了？公司领导和我说你这两周经常找他汇报工作，他平常也比较忙，一些小事情没有必要打扰他，有什么问题我们可以一起想办法解决。如果我无力解决，我们再找领导汇报。如果无论大小事都越级汇报，领导会认为我们不团结，不利于工作的开展。我作为你的直接领导，如果你觉得我有哪些地方做得不合适，你可以开诚布公地和我说，我随时欢迎。

下属越级汇报，下属固然也有问题，但或许也有上级领导的纵容，究其根本原因，还是在于你缺乏领导能力和沟通能力。掌握文中所述说话方式，有助于解决这个问题。

10.下属抗拒岗位调整，该怎么说？

公司调整发展方向，需要把营销部的小王调整到产品部，小王对此比较抗拒。作为领导，你应该怎么开导他呢？

一般说话方法：

作为公司员工，你应该服从公司安排，想事情、看问题要有大局观念。放心吧，公司不会亏待你的。

高手说话方法：

小王，目前公司营销业务很成熟，接下来要加大产品研发力度，成为一家集营销、研发、生产于一体的综合型贸易公司。公司这次轮岗，是为了把员工培养成既懂生产研发，又懂营销和运营的复合型人才，进而推动公司进一步发展壮大。对于员工个人来说，你可以通过轮岗丰富自己的工作经历，拓展个人发展空间。这次轮岗对你其实是一个难得的锻炼机会，希望你认真考虑。

遇到这种问题，首先要让下属了解公司的发展现状和愿景，同时让下属知晓公司轮岗制度的真实目的，然后从下属自身成长的角度陈述利弊，达到说服下属的目的。

11. 下属表现出畏难情绪，该怎么说？

你布置某个工作任务给下属，但是下属觉得这个任务比较困难，不太想接受。面对这种情况，你要怎么说呢？

一般说话方法：

这个任务并不是很难，如果你把它分解一下，其实就是比较简单的一些流程。

高手说话方法：

小黄，我把这个工作交给你是经过深思熟虑的，你来做至少有九成的把握，部门其他人来做最多也就六七成的把握，交给他们我不放心。这个工作只是看起来比较难，如果把它分解成一个一个小的任务，逐个解决，相信你做起来会游刃有余。你也不要有什么担心，这个工作我跟你共担责任，你需要什么样的支持和帮助，尽管和我说。

下属对工作有畏难情绪时，领导要做的就是激发其长处，准确地给予其肯定，不能只是泛泛而谈，说一些不着边际的鼓励话，而应该对他们表现出特别的器重，这样下属才能成为你的左膀右臂。

12.下属自以为是，该怎么说服？

公司的销售员和会计因为费用报销认定不一致吵了架，事情过去好几天了，销售员找到你，再三坚持要求会计道歉。作为领导，你该怎么说呢？

一般说话方法：

一点小事，你怎么说起来没完没了，以后不要再和我说这件事了。

高手说话方法：

为了这件事，你这周已经找我三次了，会计那边风平浪静，事情过去就不再多说了。你还说她火气大？你一个男人，因为一点鸡毛蒜皮的小事，话赶话和一个女同事翻了脸，还非要让人家道歉，是不是太没有气量了？再说了，一个巴掌拍不响，两个人抬杠拌嘴，你就没有责任吗？好了，你的费用报销凭证拿来我看一下，回去好好干活儿吧，同事之间，和气为贵。

工作摩擦波及情绪，往往使下属固执己见，影响工作。作为领导，及时介入是有必要的，但也不能强行压制矛盾，解决问题、釜底抽薪才是良策。

13.领导对你发火，该怎么说？

因为工作上的一个失误，领导不分青红皂白突然对你发火。面对这种情况，你该如何应对呢？

一般说话方法：

领导，有话好好说，有问题认真沟通。虽然我们是上下级关系，但是你这样对我发火，有什么用呢？

高手说话方法：

领导，我今天过来，就是想单独找你聊聊。昨天你因为我工作上的一个失误而当众对我发火，弄得我很难堪，连我的下属也很不好意思。我作为部门主管，在员工面前颜面无存，这对我以后开展工作非常不利。我相信你还是希望我能够发挥自己的作用。以后如果再出现此类问题，希望我们可以单独沟通，我相信这样效果会更好。

面对领导发火的状况，首先你不必畏惧，然后找一个时机心平气和地与领导沟通。一般来说，领导会与下属进行交流和沟通，也会进行冷静思考。

14.领导说，能干就干，不能干就走，怎么应对？

领导对你做的工作不太满意，生气地斥责你："能干就干，不能干就走人吧。"当你遇到领导这样对你说话时，该怎么应对呢？

一般说话方法：

领导，我对自己负责的工作都是兢兢业业，你说这样的话并不能解决问题，有什么意义呢？

高手说话方法：

领导，如果你觉得我能干的话，我就继续在这里工作，我认为我已经付出了很大的努力，最起码从工作职责的角度出发，我完全是尽职尽责的。如果你认为我不适合这个岗位，那你该把我开除就开除吧；如果你觉得不能开除，或者不至于开除，我们还是要坐下来讨论怎么把工作做到你满意的程度。

面对这种情况，下属首先要控制自己的情绪，如果直接跟领导对着干，最后会闹到不可收拾的地步。其实领导这么说，反而证明他不会开除你，否则他会不动声色地把你开除。此时你只需要冷静下来，打开和领导沟通的大门。

15.公司不同部门互相指责，该怎么应对？

公司业绩不好，研发部和销售部在公司会议上互相指责。作为领导，你应该怎么说才能解决问题呢？

一般说话方法：

你们这是互相推卸责任，遇到问题只知道从别人身上找原因，这样下去永远解决不了问题。

高手说话方法：

你们都先停一停，不要急着埋怨和指责对方，要先冷静下来，站在对方的立场上想一想对方的需求是什么？研发部想一想，销售部需要什么样的产品，生产什么样的产品才有利于销售；销售部要想一想，怎样打造一个畅通、高效的销售平台，把研发部生产的好产品卖出去。现在你们各自都说说自己的想法吧！

在职场中，下属之间、下属和领导之间、部门之间的矛盾时有发生。作为领导，引导矛盾双方互相站在对方的立场上考虑问题，不失为一个化解矛盾的好办法。

16.面对领导的批评，怎么高情商应对？

你在工作中出了错，给公司的工作进度安排造成了影响，领导批评了你，这时你要怎么说才能让领导满意呢？

一般说话方法：

这次工作没做好，有一些客观的原因，当然也有我自己的原因，我以后尽量避免出现这样的问题。

高手说话方法：

领导，因为我个人的失误，造成公司新产品生产的延迟，真的很抱歉。您指出的问题，我认真思考了一下，觉得您说得有道理，在这方面我确实做得不好。您看这样行不行，散会后针对您提出的问题我修改一下这个产品设计方案，在下午下班前给您。您看有哪些达不到要求的地方，我们进一步沟通。我会认真对待您提出的意见，并努力改进自己工作上的不足。

如果确实存在工作上的问题，不要回避或否认。承认错误并积极改进，既展现了你愿意承担责任的态度，也展现了你的职业素养和诚恳对待批评的精神。

17.谈判对手有意刁难，该怎么应对？

谈判时，你方因为不熟悉交通状况而迟到了，谈判对手以此为由在谈判的过程中有意刁难。面对这种情况，你应该怎么应对呢？

一般说话方法：

我方带着诚意来与贵方洽谈合作事项，并不是有意迟到，希望贵方理解。

高手说话方法：

我方谈判团成员都是第一次来到贵方所在的城市，对这里的交通情况不是很熟悉，又恰好遇到拥堵的路况，导致今天迟到了，我们真的是非常抱歉。请贵方不要怀疑我方合作的诚意——公司派出多位领导组成谈判团千里迢迢来与贵方洽谈。另外，关于合作事宜，我相信以我方开出的合作条件，找到其他合作方并非难事，但我们还是最愿意与贵公司合作，因为我们是强强联手，这样的合作能使双方的利益最大化。

面对谈判对手的刁难，最好不要激烈反击，而应主动缓和气氛，营造融洽的氛围。通过以柔克刚的方式，更容易使自己获得谈判的主动权。

18.爱人指责你很自私，你该怎么说？

因为家庭生活中的一些摩擦，爱人指责你："从没见过像你这么自私的人。"这时你要怎么说，才能更好地化解夫妻冲突呢？

一般说话方法：

你没有资格说我自私，从结婚到现在，我总是考虑你的需要，而你从来没有考虑过我的需要，你才自私呢！

高手说话方法：

听到你说我是个很自私的人，我感到很惊讶，也很伤心。我知道，我这一两年来经常加班，出差多，应酬也多，可是我也在尽量关心你，希望你能体会得到，也希望能得到你的认可。有什么问题，我希望我们可以一起面对、一起解决，而不是像现在这样互相指责。

当爱人指责你自私时，你应该坦诚地表达你的想法、感受和你内在的需要，向对方解释你的行为和决定的原因，而不是以牙还牙，指责对方。我们越能将自己的感受和需要相连，他人就越容易对我们做出善意的回应。

19.别人拿你的缺陷开玩笑，该怎么应对？

有的人在与你交往的时候，没有边界感，随意拿你的缺陷或隐私插科打诨。面对这种情况，你该怎么应对呢？

一般说话方法：

确实，就像你说的那样，不过我也没办法，可能每个人都有这样或者那样的问题吧。

高手说话方法：

你说的话，我不知道是什么意思，一点儿也没有觉得好笑。你可以展开来讲一讲，我听听你说的这个玩笑到底是哪里好笑，因为你这个幽默挺有门槛，正常人都理解不了其中的深意。你开的玩笑，笑点在哪里我不知道，倒是觉得你比刚才开的那个玩笑更好笑。

别人拿你开玩笑时，一定不要随声附和，也不要跟着笑，因为这只会让对方变得更加肆无忌惮。也不要恼羞成怒，或者急着为自己辩解，这会让你刚好掉入他的圈套。正确的做法是用冷静的头脑和睿智的语言，把问题抛给对方，把尴尬留给不怀好意之人。

20.客户提出不合理的要求，该怎么说？

在项目合作中，客户不满意你的方案，提出了从技术上来讲难以实现的要求，合作陷入僵局。这时你该怎么说呢？

一般说话方法：

不好意思，您的要求不符合实际，我们做不到。

高手说话方法：

我理解您的愤怒，也非常感谢您在此次项目中对我们提出的宝贵建议，您的要求和想法我们都会认真考虑，具有创造性的可行的想法我们会积极采纳。在这次合作中，您提出的建议对我们的工作很有帮助，但是也有一些要求在技术上难以实现。我们认为，在确保项目质量和进度的基础上，应继续使用已经确定的技术方案。请您相信，该技术方案非常适用于这个项目，这一点您将在项目结束时看到。

对于客户的抱怨和纠纷，及时回应是很重要的。客户希望得到关注和解决方案。首先应表明积极的态度，对其中不合理的要求，应有理有据地向客户说明。然后，还要给客户信心，不要让客户的疑虑得不到化解。

21.恋人吵架，怎么幽默化解矛盾？

你和女朋友因为一些生活琐事吵架，对方越吵越来劲，这时候你要怎么缓和紧张的气氛？

一般说话方法：

不要吵了，一直这么吵下去有什么意义？这事不怪你，怪我，行了吧？

高手说话方法：

吵了这么久，一个多小时了，口干舌燥了吧，我给你倒了一杯水，里面加了一点蜂蜜，你把它喝了，保证我们吵架也有甜蜜的味道。你要是想离家出走，我给你叫辆出租车，你出去玩一天，就当今天周六，明天就回来。你要是想把属于你的都带走，那就把我也带上，还能给你指指路。

当恋人吵架时，幽默是一种有效的化解方式。你可以用一些轻松的话题或笑话来转移对方的注意力，让对方暂时忘记争吵的焦点，缓解紧张的气氛。同时，也要通过这种方式让对方感到你真挚的情感。

进退有据，留有余地的说话技巧

1.面试被问何时能入职，该怎么说？

面试环节，面试官问："如果咱们双方都比较满意的话，你估计什么时候可以到岗？"对于这个问题，你该怎么答复呢？

一般说话方法：
目前我手头上也没有太多的工作要做，工作交接也很快，两三天之内就可以入职。如果公司批准没那么快，最晚一个月之内也可以过来上班。

高手说话方法：
我目前还是在职状态，如果贵公司录用我，我会在收到 offer 后两天内尽快答复具体入职时间。首先我要做好工作交接，我的工作内容主要是负责新产品的研发，正常交接需要两周的时间，所以我觉得两三周之内可以到公司入职，最迟不会超过一个月。

回答这个问题要给自己留有余地，不要暴露急迫的心理，以至于失去主动权。当然，入职时间也不要拖得太久，因为公司一般不会等一个人太长的时间，一个月差不多已经是极限了，除非你是稀缺人选。

2.面试被问是否收到其他offer，该怎么说？

面试官问你："除了我们公司，你也到其他公司面试了吧，有没有收到其他公司的 offer？"面对这个问题，你该怎么回答呢？

一般说话方法：

这段时间我确实也在看其他的工作机会，有一家广告公司和一家公关公司分别给我发了 offer，我还在考虑到底去不去入职。

高手说话方法：

我确实收到了两个 offer，薪资待遇也达到了我的预期，但是除了薪资待遇之外，我也会考虑行业前景、个人发展机会等，之所以选择来贵公司面试，是因为非常认可贵公司在行业内的影响力和为员工提供的广阔平台。贵公司正在招聘的这个职位，与我的职业规划也很匹配，所以我选择贵公司。

面试官问你有没有收到其他 offer，其主要目的就是看你对应聘这份工作的意向，以及能否入职的一个可能性。无论你选择哪种回答，都应强调你对这份工作的热情和期待。

3.面试被问能否接受加班，该怎么说？

面试的时候，面试官问："请谈谈你对加班的看法以及你能否接受平时的加班。"面对这种情况，你该怎么说呢？

一般说话方法：
我觉得不同的公司对是否安排员工加班都有自己的考虑，从个人来讲，我是愿意加班的。

高手说话方法：
我平时很重视工作质量和效率，在正常工作时间内，我会尽可能地完成公司给我安排的任务，避免出现需要加班的情况。如果公司因为有紧急任务或者特别的安排，确实需要员工加班，我也能够理解并且愿意接受加班，确保保质保量完成公司安排的任务。

在回答"你能否接受加班"这个问题时，应基于自己的实际情况认真回答，一方面要体现出你对公司的忠诚度和对工作负责任的态度；另一方面要体现出你可以合理安排自己的工作时间，具有良好的工作规划能力。

4.面试官说你工作经验比较欠缺，该怎么说？

面试的时候，面试官问："从简历上看，你并没有这个岗位的相关工作经验，能干好这份工作吗？"这时你应该怎么说呢？

一般说话方法：

对于自己应聘的这个岗位，我还是有一些相关工作经验的，只是经验不太丰富。如果可以入职，相信我很快会学会相应的工作技能。

高手说话方法：

工作经验确实很重要，具有相关岗位工作经验的人入职后能比较快速地进入角色。我毕业时间还不是很长，必须承认在相关工作经验方面比较欠缺，但我可以很快弥补这方面的不足，因为我有比较好的学习能力和适应新环境的能力。这有助于我迅速掌握相关工作技能，为公司做出贡献。

能让你来面试，本身就说明面试官并非真正在乎你是否有"经验"，而是想通过你的回答来更深入地了解你。回答这个问题，一方面应客观公正地看待自己；另一方面要表现出积极进取的态度。

5.被面试官问你曾经历的失败，该怎么说？

面试官问："可不可以讲一下，让你印象深刻的一次失败的经历？"面对这种情况，你该怎么说呢？

一般说话方法：
我们部门经历过一次失败，但那不是我造成的，和我没有直接的关系，虽然我认为自己也从那次失败中学到了一些东西。

高手说话方法：
我曾经负责一个项目，由于沟通不畅和团队合作问题，导致项目没有如期完成。这次经历让我认识到沟通和团队合作的重要性，从那时起，我不再只是关注业务工作，对团队之间的沟通也投入了很多精力，确保每个人都理解自己的任务和目标，同时积极配合其他同事的工作。之后，我成功地带领团队完成了后续的项目，并取得了较好的成果。

如果你真的经历过失败，坦诚承认失败是很有必要的，而且要展示你从中学到了什么。你可以重点突出你在面对失败时采取的积极行动和解决问题的能力，让面试官看到你的成长潜力。

6.面试官问你对跳槽的看法，该怎么说？

面试过程中，面试官说："请谈谈你对跳槽怎么看。"对于这个问题，你该怎么回答呢？

一般说话方法：

在我看来，如果觉得自己的职业发展受限，换个平台重新规划自己的职业生涯也没什么不好。

高手说话方法：

我个人认为，一个人选择跳槽是很正常的。跳槽在一定程度上有利于找到适合自己的工作岗位。并不是所有人初入职场都能幸运地找到适合自己的工作岗位，很多人都会有一个尝试的过程。为了找到自己的职业方向而选择跳槽，我觉得应给予理解和支持。但是我不赞同频繁跳槽，一个人在选定自己要做的事业之后，应全力以赴、长期坚持，并取得成就。

回答这个问题时，在展示你积极态度的同时，应避免提及导致跳槽的负面因素。例如，不要谈论薪资问题、与同事之间的冲突或者对现有工作的不满意，以免给面试官留下不稳定或不可靠的印象。

7.面试被问为何频繁跳槽，该怎么说？

你去面试，面试官说你跳槽有点频繁，问你为什么之前每份工作都只是干一年多的时间，你该怎么说呢？

一般说话方法：

之前换工作确实有点频繁了，但是贵公司的营销经理职位很符合我的职业规划，如果可以入职，我是打算长期干的。

高手说话方法：

我之前离职，要么是因为公司业务方向改变，要么是公司经营不善，不得不换一份工作。客观上来讲，在不同岗位上的工作经验也磨炼了我在不同领域的业务技能和协作沟通能力。这次我应聘贵公司的营销经理职位，一方面是相信之前的工作经验对我做好这份工作很有帮助；另一方面也是对自己职业发展的长远规划。贵公司实力雄厚，各条业务线都很成熟，适合员工长期发展，这也是我来贵公司面试的主要原因。

对于这个问题，求职者需要说明自己不会像之前一样频繁跳槽。建议从过往积累的经验特长，以及在未来职业规划等方面展示个人愿意长期在企业工作的意愿。

8.公开场合叫错了领导的名字，该怎么应对？

你主持一个活动，在念领导名字的环节，看着台下嘉宾困惑的表情，你意识到读错了领导的名字，面对这种情况该怎么应对呢？

一般说话方法：

不好意思，刚才把领导的名字读错了，现在我重新读一遍，纠正过来。

高手说话方法：

非常抱歉，从名字上来看，领导一定是出身于书香门第，这个名字有很深的文化底蕴，而我的语文都是体育老师教的，基础没打好，认字认半边，就按照自己认得的半边字念了出来。现在犯了这个严重错误，真的是很对不起！

职场和社交场合的礼仪很重要，重要到可以决定一个人的职场前途。在公开场合念错领导的名字，确实是有失礼仪，遇到这种情况，一定要及时道歉。如果能用幽默的语言化解尴尬就更好了，但这需要具备快速的临场反应能力。

9.领导拒绝你约请吃饭的请求，该怎么应对？

周五下班后，你来到领导办公室，想请领导吃顿饭。领导一愣，首先表示感谢，然后抱歉地说："我临时有事，今天晚上没空。"这时你该怎么说呢？

一般说话方法：

没关系的，那您先忙，我们下次再约。

高手说话方法：

今天没能和您一起共进晚餐，真是有点遗憾！这次我没有选好日子，您看我们改在下周末行不行？刚好下周我手头上的项目也要完工了，没有您的大力支持，这个项目的进展不会如此顺利，所以这次特地向您表达感谢。您先忙，我这两天再给您打电话，期待下周末能与您共进晚餐，希望您接纳我的诚意。

我们请领导吃饭被拒的情形其实非常常见，行走职场千万不要玻璃心，第一次邀请被拒，那么就请第二次，还不行就请第三次。当然，即便被领导拒绝，也要表现出对领导的尊重和关心，同时也要适度留有再次邀请的余地，让领导感受到你的热情和好意。

10.领导要求你做个方案给他，该怎么说？

领导开完会，布置好工作，要求你将开会讨论的内容做个方案给他，你应该怎么说呢？

一般说话方法：

好的，领导，我马上就开始做，做好了第一时间发给您。

高手说话方法：

好的，我刚才在会上做了笔记，根据与会人员的发言及您的概括总结，方案主要包括四个方面的内容，即项目设计、项目预算、项目进度和项目验收。做这个方案的目的是让参会人员再次讨论，并提交给客户。我明天上午 11 点之前把方案的初稿给您，您看可以吗？

之所以这样说，一是为了核对你的理解与领导的要求是否一致，避免理解出现偏差导致的结果偏差。二是为了给领导明确任务完成时间，向领导保证及时推进工作。简单的两句话，就表明了你是一个负责任的人，你希望把这件事做好，从而提高你在领导心目中的地位。

11.领导布置任务没说清楚，该怎么应对？

有个重要的客户来公司，领导安排你去接待："小王，这次的客户接待你来负责。"这时你要怎么说呢？

一般说话方法：

好的，请领导放心，我一定会让客户满意的！

高手说话方法：

领导，客户明天下午 3 点到机场，我中午安排司机小李去机场接客户，然后为客户预订好休息的酒店，他们到达酒店后可以直接入住。晚上 6 点，按照以往的接待规格，我来安排客户和您共进晚餐。后天上午，安排您和客户的会谈，然后带客户参观公司，下午为客户送行。考虑到您的时间和客户的行程，这样安排比较妥当，您看这样可以吗？

在领导布置任务没交代清楚的情况下，我们要在已有的大概方案的前提下挖掘领导的需求。这样领导会自然而然地补充或纠正你说的话，或者给出建议，从而有利于你顺利完成任务。

12.领导问你工作有没有困难，该怎么说？

在公司会议上，领导问你："上周安排给你负责的那个项目，有没有遇到什么困难？"面对这个问题，你该怎么说呢？

一般说话方法：

谢谢领导关心，目前还比较顺利，没有遇到什么特别的困难。

高手说话方法：

项目刚开始的时候，我遇到了一些技术上的难题，但是在同事的帮助下，这些问题都解决了。另外就是人手不够的问题，我上周找您汇报过，在您的协调和支持下，我们的人手也配齐了。剩下就是跟客户沟通的问题，他们不断提出新的要求，也会给我们的工作增加难度，但是我相信，在您的指导下和大家的帮助下，我们一定能够克服这些难题。

领导问有没有困难时，通常是想了解下属的工作进展和遇到的问题。回答这个问题时，不仅需要诚实和积极的态度，还需要具体细节的支持。这样的回答不仅可以让领导更加了解你的工作情况，也可以让领导更加信任你。

13.邀请客户吃饭被拒绝，该怎么 应对？

你代表公司领导约请重要客户赵总共进晚餐，一切准备就绪，对方却打来电话说："真的很抱歉，今晚我无法如约赴宴了，临时有些事情需要处理。"

一般说话方法：

没关系，赵总，您先忙您的事，等您时间合适，我们再约吧。

高手说话方法：

好的，赵总，咱们吃饭是小事，您别担心，约在其他时间也可以，别耽误了您需要处理的事情。我跟陈总、刘总说一声就行。您先处理手头的急事，如果有需要帮忙的地方，尽管开口。

面对重要客户爽约的情况，不论对方是不是找借口，我们都应该选择相信对方，并展现真诚的态度。这时你可以隐晦地表达自己的情绪，巧妙地让对方感到愧疚。最后，在表示理解的同时，以积极、建设性的态度表达对对方的关心。

14.客户说你们的产品过时了，你该怎么说？

你向顾客推销时装时，顾客说你们这种服装过时了，作为销售人员，你应该怎么向客户解释呢？

一般说话方法：

这是我们店的经典款式，不管是不是过时，只要款式好、质量好不就行了吗？

高手说话方法：

您真是个行家，一眼就看出来它跟去年有些款式相似，其实这个是我们品牌的经典延续款，只是在一些细节设计上做了创新。这款是连续几年来一直畅销的款式，经典时尚，穿上以后非常能衬托您的气质，而且最重要的是价位比较合适。

在购买服装时，有些顾客追求的是新异、个性时尚，所以会将店铺的延续款误认为是旧款，认为产品无新意。这时不要直接否定顾客，即使顾客是错的，也要先认同、再引导，从内心打消顾客的顾虑，这样才便于后续的成交。

15.客户说你卖的产品质量不行，该怎么说？

你向顾客推荐一款纤维织物制成的沙发，顾客说："之前买过这样的沙发，这种材料很容易脏。"这时你该怎么说呢？

一般说话方法：

您确定之前买的是这个牌子吗？我们的沙发，买过的顾客都说挺好的。

高手说话方法：

先生，您说的这种情况在几年前确实是存在的，您有这种顾虑我完全可以理解。但是现在，各方面的技术不断进步，我们日常所用的产品都在更新换代，包括沙发，它的制造工艺也在改进，现在的纤维织物都经过了防污处理，而且具有防潮性能。假如沙发弄脏了，附着在上面的污垢和灰尘是很容易除去的，所以您完全不必担心。

顾客提出意见，不要立即反驳顾客，而应先认同顾客的说法，在情感上表示对对方的理解，并对其进行安抚，然后再找准机会，提供一些依据，来消除顾客的顾虑。

16.客户说不知道你们的品牌，该怎么应对？

你向顾客推销产品时，顾客说没听说过你们这个牌子，这时你应该怎么回答呢？

一般说话方法：

您可能平时不怎么关注我们这个行业，我们公司发展很快，在很多地方都有分店。

高手说话方法：

您对我们这个行业还真是很了解。一方面，我们公司确实成立时间不是很长，过去一段时间更注重产品研发，对广告营销投入不是很多，所以宣传工作做得不是很到位；另一方面，随着公司的发展，我们也在进一步开发市场，现在是刚刚进入咱们这边的市场，还需要您多照顾。我来给您介绍一下，我们产品的特点是……

面对这个问题，首先应该在情感上认同顾客的感受，让客户感觉到被尊重。其次，要对顾客的疑问进行解答，给对方一个合情合理的理由。再次，要顺势将产品价值、卖点等客户不了解的内容讲给顾客听。

17.客户问你们公司产品为何不打折，该怎么说？

在推销产品的过程中，顾客问："同一类的产品，为什么别的公司打折，你们不打折？"这种情况下，你该怎么说呢？

一般说话方法：

不好意思，我们公司的产品都不打折，这是公司统一规定，全国各地的门店都是这样的。

高手说话方法：

您说得没错，现在很多公司都在打折。但是您也知道，如果把产品和服务绑在一起打折的话，其实对企业来说是得不偿失的。虽然有些企业在产品上打折了，但后续的空间服务，都需要顾客自费解决，综合算下来其实顾客并没有省钱。我遇到过一个客户，用了一款半价的数据统计系统，结果没有后续服务，还需要各种杂七杂八的费用，总体费用比全价还贵。您看，打折好不好，是不是要综合考虑？

这种方法可以称为案例启迪法，即给顾客讲一个相关的客户案例，对方就可以自动得出不打折的产品质量和服务反而更靠谱的结论。

18.同事打探你的隐私，该怎么说？

平时很八卦的同事问你："从来没听你说过孩子上学的事，你家孩子在哪儿上学呢？"但是家里的事情你不想多说，这时该怎么回答同事呢？

一般说话方法：

别人的家务事你就不要多问了，就算你知道了也没有什么用。

高手说话方法：

你可别提孩子上学的事情了，一提我就一肚子火，天天调皮捣蛋。上周孩子班主任给我打电话，说他在体育课上踢足球，足球险些砸到同学的脑袋，真是不让人省心。对了，你孩子在哪儿上学呢？

同事打探隐私，如果你不想透露，可以直接拒绝，告诉对方你不愿意回答这个问题。如果你不想直接拒绝，可以尝试转移话题，顾左右而言他，或者趁机反问对方，以便将对方的注意力从你的隐私转移到其他事情上。

19.女性被问是否结婚，该怎样高情商应对？

出差的高铁上，邻近座位上的一位男士与你攀谈，天南地北聊了一通，对方忽然话题一转，问道："你看起来还很年轻，结婚了吗？"这时你该怎么说呢？

一般说话方法：
你问这个问题很不礼貌，我不能告诉你。

高手说话方法：
先生，你为什么要问这个问题呢？我知道有这样一句话：前半句是"对男人不能问收入"，所以我才没有问你的收入；后半句是"对女人不能问年龄与婚否"，所以你知道了吧，这个问题我是不能回答的。请原谅。

陌生的男士问女士婚否这个问题，可能别有用心，而且有点唐突。上面例子中的女士回答的方式既表达了对对方失礼的不满，又给对方留了面子，没有让对方难堪和下不来台，可以说是一举两得。

掌握主动，成为游刃有余的职场赢家

1.较长职场空白期，怎么跟面试官解释？

你从上一家公司辞职以后，找了半年的工作，一直没有找到满意的。你去一家公司面试时，面试官问你怎么会有这么长的空白期，你该怎么说呢？

一般说话方法：

今年工作不太好找，到现在也没有找到合适的，所以空白期长了点。

高手说话方法：

我休息了一段时间，回顾了之前的工作经历，总结了不少经验教训。这期间我还参加了职业培训，考取了我们这个行业的职业资格证书，职业技能进一步提高。贵公司在行业内备受认可，所以我做了充足的准备，决定前来应聘。如果有机会入职贵公司，我随时都能精力充沛、信心满满地投入到工作中。

有关这个问题的答案，最好是用"学习"或者"培训、兼职"来回答。这么说可以让面试官觉得你就算有职业空白期，但在这段时间里你是有行业维系度的，你没有因此荒废自己的技能，甚至提高了职业能力，从而在找工作时掌握主动。

2.面试时怎样主动加话题，提高面试效果?

面试时，你和面试官的谈话总有较长时间的停顿。在这种情况下，你该怎么主动加话题，加强和面试官的交流呢?

一般说话方法:

我的工作经验挺丰富的，而且我很喜欢这份工作，并且认为自己有能力做好。

高手说话方法:

您问我在过去项目里面所获得的经验，除了在上家单位领导团队克服困难、团结奋战的经历，我在大学实习时也参与过此类的项目，那时我就明白了团队沟通的重要性。您刚才也提到，贵公司的很多工作也要在良好沟通的基础上才能做好，我非常理解这一点，而且我过去的工作经历对此很有帮助。

和面试官沟通时，你可以从多个角度回答对方的问题，以增强谈话的丰富性。另外，可以时不时回溯面试官之前说过的话，或者直接引用面试官说过的话，开启另一个话题。通过这种方式，可以向对方展示你的沟通和表达能力，掌握面试时谈话的节奏。

3.面试时被问到职业规划，该怎么说？

面试过程中，面试官问："可以讲一讲你对未来的职业规划吗？"对于这个问题，你该怎么说才能打动面试官呢？

一般说话方法：

目前我还没有特别多的打算，就是希望把手头上的工作干好。

高手说话方法：

我参加工作以来一直做图书编辑工作，据我了解，要想把这项工作干好，是需要长期积累的。我也希望自己在未来的工作中能够接触和学习到更多有关图书编辑和策划方面的内容，全面提升自己的专业能力，并且对整个行业能有更宏观的认识，能够在图书出版行业做出出色的成绩。

在回答职业规划的问题时，你需要表现出对未来的清晰规划和考虑，同时也需要展示出自己的职业能力。记住，要尽可能地让面试官看到你在这个职位上的价值，并且认识到你是一个愿意不断提升的人。

4.面试官问你对薪资的要求，该怎么说？

你去参加一个面试，过程很顺利。面试快要结束时，面试官问："你期望的工资水平是怎么样的呢？"这时你要怎么回答呢？

一般说话方法：

我对薪资没有过多的要求，我主要还是想在工作中学点东西，能给我这个工作机会就可以。

高手说话方法：

我之前的收入除了每个月的固定工资以外，还有奖金、提成、餐补、交通补贴等。所以我想先了解一下公司的薪酬绩效制度，我相信作为一家正规公司，您这边是有员工薪酬和业绩的对应区间的。您能和我说一下公司的业绩要求和对应的薪酬区间吗？如果有幸可以入职，我一定付出与贵公司薪资相匹配的努力，尽自己最大的努力为公司创造价值。

很多求职者面对这个问题时都有点纠结，担心要得多了可能会失去机会，要得少的话又觉得亏了。因此，比较好的方法是把球踢回去，让对方先讲一下薪资构成。

5.面试官说薪资达不到你的预期，该怎么说？

在谈薪资的环节，面试官说："在薪资方面，我们公司能给的，可能达不到你的心理预期。"这时你要怎么说呢？

一般说话方法：

那不好意思，我跟您说的是自己在薪资方面的最低要求，再低的话就不能接受了。

高手说话方法：

首先，我从上家公司辞职的原因并不是干不下去了，而是想寻求更好的发展。我之前的待遇其实也还不错，现在我找工作，也是在看机会，薪资待遇也不是我考虑的唯一因素，如果有更好的平台和发展机会，符合我的职业预期，我也会认真考虑。

面对这种情况，处理的原则就是拿到 offer 再说，你不必表示只看给多少钱，也要让面试官有继续往下推动的欲望，至少也听一下面试官的报价，然后再看看有没有去该公司上班的可能。

6.面试官说你学习成绩不优秀，该怎么说？

面试时，面试官问你："从简历来看，你的学习成绩并不是很优秀，是不是学习不够努力认真？"对于这个问题，你该怎么说呢？

一般说话方法：

我觉得还好吧，虽然不是很优秀，偶尔还有挂科，但都补考通过了。

高手说话方法：

大学时我的学习成绩确实不是很出色，因为那时我担任社团负责人，分散了很多精力。相比来讲，我的专业课其实学得挺好的，您如果不信的话，可以当场测试我的专业知识，我绝对不会让您失望。

面对这样的问题，有的求职者担心失去机会，常常会不由自主地替自己辩解，其实这样做并不利于给面试官留下良好的印象。最好的回答方式应该是既不要掩饰回避，也不要太直截了当，可以用"明谈缺点，实论优点"的方式巧妙地绕过去。

7.面试官说你不适合这个岗位，该怎么说？

面试快要结束时，面试官对你说："通过今天的沟通，我觉得你不是很适合我们这个岗位。"这时你要怎么说呢？

一般说话方法：

好的，我明白了，既然您认为不太合适，那我就先回去了。

高手说话方法：

感谢公司给了我这次面试的机会。我觉得面试能否成功，一半靠实力，一半靠运气。仅仅通过一次面试，可能无法对一个人的才能、品格有深入的了解。我想知道的是，您能谈谈我在哪些方面不符合这个岗位的要求吗？也想听一听您对我的职业方面有什么建议，我认为这对我会非常有帮助。我会认真总结经验，加强学习，弥补不足，避免在今后工作中再出现类似的问题。

面试官提出这个问题，可能是在考察你的应变能力，因此要沉着应对，表现出自己积极进取的品质。当然，如果面试官表现得不那么友好，态度也比较差，这就不是在考察你了，这种公司不去也罢。

8.同事询问你的薪资水平，该怎么说？

　　闲暇之余，同事悄悄问道："你在公司上班的时间也挺长了，你现在的工资是多少？"这时你应该怎么说呢？

一般说话方法：

　　你怎么突然想起来问这个问题？这是秘密，不能告诉你。

高手说话方法：

　　别提这事了，我连自己都快养不活了，上个月刚装修了房子，现在欠了一堆债，靠着这点儿工资，好长时间都还不完，真是让人发愁。对了，你的工资是多少钱？我看你的日子过得挺滋润，每周都下馆子。

　　现在很多公司都明令禁止员工之间讨论薪资水平，如果将自己的工资告诉同事，不但违反了公司规定，还会对自己的发展造成不利影响。如果遇到同事打探薪资，你可以通过闲聊的方式转移话题，也可以反问对方，占据对话的主动权。

9.职场中，怎样说服老板为自己加薪？

你入职两年了，其间也做出了一些不错的成绩，但是薪资一直没有上涨。你觉得自己的贡献和收入不成正比，想让老板为你加薪，那么你该怎么说呢？

一般说话方法：

刘总，我来公司上班都两年了，工作干得也挺好的，希望能把我的工资水平往上调一调，您看可以吗？

高手说话方法：

刘总，首先感谢公司提供的平台，让我能够获得成长和发展的机会。两年来，我与公司共同进步，其间参与完成公司的某些重大项目，业绩翻了一倍。公司选择了一个好的赛道，我认为前景十分光明，也很愿意跟随您指引的方向，积极发展新业务，开拓新市场。当然，如果薪资能有所上调就更好了，请相信我不会辜负您和公司的期待。

说服老板给自己加薪，话术很重要，但更重要的是个人能力的提升。只有这样你才能为公司多做贡献，多创造业绩，从而获得更多的加薪机会。

10.搞市场推广，怎么向老板争取 更多的预算？

新产品上市，为了取得更好的推广效果，需要找老板多要一些预算，这时你该怎么说呢？

一般说话方法：

赵总，现在搞产品推广，渠道更多了，各个渠道的推广都要花钱，请问能不能多给点预算？

高手说话方法：

赵总，公司推出的新产品很快就要上市了，这次我们部门打算加大推广力度。相比之前的推广方式，这次会有新打法，在开拓新渠道的同时，进一步提高广告的转化率。我需要增加10万元的投放预算，预计可以增加20万元营收。

在公司经营方面，其实老板通常在乎的不是投入，而是投入产出比。在向老板争取预算时，也要记得这个道理。如果你能帮老板赚到更多的钱，他会给你更大的空间让你自由发挥。

11.谈判中需要虚设领导时，该怎么说？

公司需要购买几台打印机，你和打印机生产厂家的销售人员几番讨价还价，对方表示已经到了最低价格，不能再降了。面对这种情况，你该怎么说呢？

一般说话方法：

我觉得你们这个价格还是有点高，价格再降10%，我们是可以接受的。

高手说话方法：

经过几次沟通，你们公司在价格方面也做了一些让步，我个人认为这个价格是可以的，由于我只是公司的采购，所以得向领导汇报。公司领导认为，你们的打印机还是有点贵，希望可以再便宜10%。如果可以，我们现在就可以达成合作；如果贵方不同意，领导让我再找其他厂家问一问。

在日常采购谈判中，当你认为商品的采购价格还可以再往下降的时候，可以虚设一个领导出来，待确定好降价空间后，再以虚设的领导为挡箭牌跟对手谈判。通过这种方式，可以避免在谈判当场做出错误的决定，而且不会让对方产生任何抵抗情绪。

12. 谈判时，怎么运用投石问路的方法？

你们公司需要购买一些产品，你代表公司与卖方展开谈判。为了摸清对方的虚实，掌握对方的心理，你该怎么说呢？

一般说话方法：

请问你们这款产品的价格是怎样的？希望价格可以优惠一些，以利于以后的长期合作。

高手说话方法：

我们这是第一次合作，有一些合作上的细节需要和贵方探讨一下。比如，你们这款产品的市场价格是多少？如果我们能够建立长期合作关系，单价是不是可以便宜一点儿？如果我们大批订货，你们公司能不能充分供应？如果我们分期付款，你们公司可以接受吗？如果我们需要定制，你们公司能生产指定规格的产品吗？

这种话术称为投石问路策略，是指在谈判的过程中，有意提出一些假设条件，通过对方的反应和回答，来琢磨和探测对方的意向。运用这种策略，通常可以问出很有价值的资料，从而做出有利的选择。

13.同事当众捧杀你，该怎么应对？

工作中，同事老郑当众夸你能力强、学历高、反应快，然后顺势把一项工作安排给你："这件事情别人干不了，交给你我放心，所以辛苦你一下。"这时你该怎么说呢？

一般说话方法：
哪里哪里，我没你说得那么优秀，需要我学习的地方还有很多。

高手说话方法：
老郑，无论是论经验还是论能力，你在咱们公司都是首屈一指。我入职时间才半年，还没有学精学透，这项工作我还有很多环节没有搞明白，我担心把事情办砸了，到时候不仅影响工作进度，还要受到领导的批评。要不这样吧，你先干，也算是教教我，我在旁边跟着你学学。

职场中的一些老油条常常会使用捧杀的话术，吹捧你的能力，博取你的好感，然后顺理成章地把工作推给你做。这时你想拒绝，心里多少又有点不好意思，所以便吃了哑巴亏。遇到这种情况，一定要保持清醒，见招拆招，反击回去。

14.领导别有用心捧杀你，该怎么应对？

开会时，领导有意夸大你的能力，你花一个月的时间完成的任务，领导说你半个月就完成了，这时你该怎么说呢？

一般说话方法：

感谢领导的夸奖，在领导的帮助和支持下，总算顺利完成任务，不过确实没那么快。

高手说话方法：

领导，我也想分享一下自己的感受，这份工作不是我一个人就能够完成的，是我和部门的小王、小李一起做的，同时也得到了我们部门全体同事的协助，借此机会我也特别想感谢他们。在大家的积极配合下，我们紧赶慢赶，最后还是花了一个月的时间才完成，当然了，如果这事由您来牵头，相信用半个月的时间完成肯定没问题。

领导有意无意夸大你的能力时，你一定不能沾沾自喜，而要认真分析话里面的玄机，记得把个人成绩和荣誉变成集体成绩和荣誉。另外，还要否定对方的说辞，然后再把话题转移到对方身上去。

15.同事怂恿你离职，该怎么说？

面对一直没有起色的公司业绩，以及缺乏管理能力的领导，同事跟你说："我准备辞职了，实在是待不下去了。你也辞职算了，你能力那么强，肯定能找到更好的工作。"这时你该怎么说呢？

一般说话方法：

既然连你都要辞职，那我可能也快要辞职了，在这里确实看不到前景。

高手说话方法：

承蒙你看得起我，认为有更好的平台可以让我发挥自己的潜力，但我觉得不能脑袋一热就拍屁股走人。一方面，是否真的可以找到更好的机会，我需要认真看一看；另一方面，在目前这样的经济环境下，重新找到一份称心如意的工作并不是一件易事，这也是我比较慎重的原因。

别人怂恿你离职的时候，一定要有自己的主见和判断力，对自身条件和客观环境都要有科学的判断，千万不能轻易就被消极言论影响。如果被不怀好意的人利用，中了对方的圈套，后悔都来不及。

16.离职后，同事问你的去向，该怎么说？

知道了你要离职的消息，同事都免不了来旁敲侧击地"关心一下"："你要离职了？离职之后打算去哪里上班呀？"面对此类问题，你该怎么说呢？

一般说话方法：

我要到××公司去上班了，换个赛道，重新开始，希望我们以后多多联系。

高手说话方法：

至于离职后具体去哪儿上班，目前还没有最终确定，我正在考虑几个不同的工作机会，想再比较一下，看看哪个更合适。谢谢你的关心，也祝你在这个我们共同努力和奋斗的地方步步高升，取得更好的成绩！

成熟的职场人在离职时，通常不会告知他人自己的离职去向，即便有人问起，也往往会选择避而不谈，或者泛泛而谈。这时最好的做法是放低姿态去沟通，带着惋惜和感谢去表达离开的不舍，只为力求全身而退。

17.遇到客户犹豫不决，该怎么说？

客户看中了一套房子，但是又觉得房地产市场不景气，因而犹豫不决，应该怎样说才能促使顾客购买呢？

一般说话方法：

确实现在房地产市场不景气，但是现在房子便宜，随着经济回暖，房价肯定还会上涨，现在买才是最合适的。

高手说话方法：

在商业世界中有很多这样的例子，那就是成功者购买时别人都在抛售，当别人都在买进时他们却卖出。最近很多人都谈到市场不景气，其实拥有财富的人，很多都是在市场不景气时建立了他们事业的基础。他们看到的是长期的机会，而不是短期的挑战，所以他们成功了。王先生，你此刻也面临着同样的机会，错过就不再有了。

犹豫不决的人遇事没有主见，往往消极被动，难以做出决定。面对这种人，你要牢牢掌握主动权，充满自信地运用推销话术，不断向他做出积极性的建议。当然需要强调的是，你是从他的立场来考虑问题的。

18.客户有成交意向，怎样敲定合作？

作为销售人员，客户对你推销的产品有购买意向，只是还有一些细节需要协商，这时你该怎么和客户沟通才能把握主动呢？

一般说话方法：

王先生，您对我们公司的产品还比较满意，请问您什么时候有时间跟我们把合同签了呢？

高手说话方法：

王先生，很抱歉打扰您。之前我们聊过，我知道您比较喜欢我们公司最近推出的这款新产品。这款产品确实很受欢迎，一经上市就迎来销售热潮，目前所剩已经不是很多了。您是我们长期合作的贵宾客户，我们也很愿意让您能第一时间体验一下这款产品。您看您什么时候有时间呢？到时候我去拜访您，沟通一下合作的细节和条件，便于我们签订合同。

销售人员在与客户谈合作时，保持耐心并且做好铺垫工作是很重要的，否则会给对方十分突兀的感觉。只有讲究策略，才能收到最佳的效果，急于求成则通常会导致失败。

19.客户说你同行的产品好，该怎么说？

你给顾客推销面膜，对方说自己一直使用某款面膜，效果挺好的，这时你该怎么说呢？

一般说话方法：

那款面膜我也用过，感觉还好吧，我们的面膜比那款效果好，您买回去用一用就知道了。

高手说话方法：

您刚才说，你的皮肤问题主要是因为毛孔堵塞导致的出油、爆痘，这就要先对皮肤进行深层清洁，然后再使用其他功效的面膜，这样效果才好。我也知道您说的那款面膜好用，但它们的主要功效是美白。如果不先进行深层清洁，皮肤油脂过多，毛孔堵塞会越发严重，您的皮肤也会越来越差。而我们这款面膜主打清洁功能，能清洁皮肤中的深层垃圾，卖得非常好。

面对这个问题，重要的是告诉客户自家产品和竞品的区别在哪里，然后再说明自家产品有哪些优势是竞品不具备的，最后将客户的关注点引到自家产品的主要功效上来。

20.自身条件不够，该怎样争取工作机会？

在人才交流会上，只有高中学历的小李看上了一个建材销售代表的职位，对方招聘广告上写着应聘该职位需要本科以上学历和三年以上的行业销售经验。小李要怎样说，才有利于为自己争取到这个工作机会？

一般说话方法：

我虽然学历不够，也没有建材行业的销售经验，但是我认为自己可以做好这份工作，能否给个机会让我试一下？

高手说话方法：

看到公司正在招聘建材销售代表，我很喜欢这份工作，也相信自己可以胜任这份工作。虽然我没有本科学历，也没有建材行业的销售经历。我推销过其他东西——化妆品、食品、手机、房子，我知道人们真正买的是我，我推销的是我自己。您放心，我不抢其他业务代表的生意，我只要一张桌子和一部电话，三个月内我将成为公司业绩最好的推销员。

如果本身就有某些劣势，那你要在言语中表现出特别的自信和十足的底气，让人产生信任感，这样你的求职面试的成功概率会增加不少。

21.领导让你上台讲两句，你应该怎么说？

在公司会议上，你因工作表现优秀而得到领导的表扬，而且领导让你上台讲两句，这时你该怎么说呢？

一般说话方法：

谢谢领导的称赞，我的努力和付出能被领导看见，真的很感动。

高手说话方法：

这次得到领导的表扬，真的是受宠若惊。我之所以能取得一点成绩，获得一些进步，离不开公司提供的平台。在项目进行的过程中，其实有些地方本来应该做得更好，但因为经验不足，多少还是有一点遗憾。在大家面前，我要学习的东西还有很多，希望大家多多指教，我也会继续努力，争取以后做得更好。

受到领导表扬时，首先要反馈感受、表达感谢，然后要展示自己的不足，对以后的工作做出表态。表态部分通常是领导最想听的，因为此处体现的是你思想的风向标，是你今后的行为方向。

第七章

学会赞美，人际交往中的软实力

1.作为职场小白，怎样运用请教式赞美？

大学毕业后，你进入一家医疗设备和耗材销售公司工作，还是职场小白的你对业务一窍不通。面对这种情况，你该怎么开口向领导请教呢？

一般说话方法：

方经理，我现在没有任何经验，什么都不懂，以后的工作中还要请您多指教。

高手说话方法：

方经理，您在公司工作多年，做出过很多傲人的销售业绩，不管是在人际关系和沟通能力方面，还是在对市场的研究方面，您都是公司乃至整个行业的佼佼者。我刚走出校门，很想把工作做好，但是总有一种无从下手的感觉，麻烦您传授给我一些经验好不好？

请教式赞美就是赞美对方的某些方面，而话语中带着请教的意味。在职场上，请教式赞美一般很容易让领导接受，领导会因此而体现自己的价值，并且在心中产生某种成就感，从而答应下属的请求。

2.下属工作表现出色，该怎么表扬？

下属把一份市场调查报告交给了你，你看过后，觉得接近完美，这时你该怎么表扬下属呢？

一般说话方法：

这份调查报告写得不错，应该提出表扬，不要骄傲哦！

高手说话方法：

这份调查报告结论清晰、证据充分、数据呈现直观，很好地回答了客户关切的问题。这样的工作背后，体现了你扎实的数据分析能力和总结归纳能力。当然，我知道这背后是每天的加班加点和精益求精的反复修改。你这份报告充分体现了我们公司的专业实力，对提升客户对我们公司的认可度具有积极意义。

像这种对表现突出的员工的表扬，宜私下进行。因为私下表扬更多的是传递一种赞许和信任，着重于夸奖下属的个人能力和进取精神，你也可以通过这个机会向对方提出进一步的期望和目标。

3.下属赞美领导，该怎么说？

你陪老板参加某个论坛，看到老板在论坛上演讲时激情四射、妙语连珠，感到佩服不已，你该怎样向老板表达赞美之情呢？

一般说话方法：

杨总，整个论坛看下来，我发现您演讲的时候气氛最好，台下观众掌声不断。

高手说话方法：

杨总，您太厉害了！分享的内容都很干货，大家本来都有点儿无精打采了，听到您讲的内容，都不再打瞌睡了。我还专门数了数，您演讲的时候一共有 6 次掌声，是所有分享嘉宾里最多的。您说自己只有两种情况下才是老板，一种是发工资的时候，因为这是老板的义务；另一种是公司犯错误的时候，人家会说这是你的错。您这话一说，台下所有的听众都被您的幽默折服了。

在赞美领导的时候，不能把自己的地位放得太低，否则赞美就变成令人讨厌的阿谀奉承。另外，赞美的内容要具体，不要泛泛而谈。

4.下属出问题，批评之前先赞美，该怎么说？

作为一家汽车修理厂的服务经理，你发现手下员工小陈的工作状态一天不如一天。为了解决这个问题，你该怎么和他沟通呢？

一般说话方法：

你是怎么回事，工作越干越差，现在修车的时候总是像睡着了一样，磨磨蹭蹭！

高手说话方法：

小陈，一直以来你的修车技术都很出色，你修车不仅速度快，而且质量有保证，顾客也都很满意。可是，最近一段时间，我发现你修车的速度比以前慢了许多，而且修车的质量也比不上以前的水准了。我看你最近经常心不在焉，是遇到什么问题了吗？如果需要帮忙，你尽管开口。如果你觉得自己能够克服这个问题，我希望你尽快找回那个出色的你。

如果一名好员工变成了态度消极的员工，你可以处罚或者训斥他，但是不一定能解决问题。在尊重员工的基础上，通过给员工戴"高帽"以提醒员工，不失为一个可取的方法。

5.领导说恭喜你升职，你该怎么说？

领导告诉你："恭喜你，你升职的消息这两天就要公布了。"这时你要怎么说呢？

一般说话方法：

感谢领导，我一定会努力工作，争取做出更大的成绩。

高手说话方法：

非常感恩领导的培养和看重，我深知我个人的能力有限，有幸获得提拔，离不开您的信任和支持。俗话说："贵人扶一步，胜过十年路。"能够遇到像您这样的贵人，是我人生的幸运。请您放心，我以后会更加努力工作，不辜负您的期待和栽培。您以后如果有用得着我的地方，尽管吩咐，我一定尽心尽力把您安排的事情做好。

领导告知你将被提拔的消息，一定要记得向领导表达感谢感恩之情。任何时候，懂得感恩的人都会被人信任和看重。另外，在正式任命通知下来之前，一定要耐住性子，保持低调，别让煮熟的鸭子飞了。

6.向领导汇报工作，怎样巧妙赞美领导？

你在顺利完成领导安排的工作任务之后，找领导汇报时，该怎样赞美领导，增进上下级之间的关系呢？

一般说话方法：

领导，经过连续几天高强度的工作，终于把您安排的这项工作完成了，请您检查一下。

高手说话方法：

领导，您上周安排的工作可以交差了。必须要说，您指导得好啊，尤其是您找我专门进行了谈话，讲清楚了做好这项工作的方法，还说明了工作的要点和难点，让我既充满了干劲又少走了弯路。我觉得您说的这套方法很科学，咱们可以总结完善一下，形成一个精简流程的机制，这样对提高工作效率会很有帮助。

如何在言谈举止中恰到好处地赞扬领导，给领导留下良好的印象呢？要学会从管理的深度来夸领导，只要我们能深刻理解领导的管理思路，夸领导的话就可以信手拈来。

7.领导巧妙处理危机，该怎么赞美？

因消费者在网络上公开质疑公司产品质量，公司迅速卷入一场舆论危机。领导面对这种突如其来的情况，迅速调查取证，并采取多项举措，平息了舆论。在和领导讨论这件事情时，你该怎么赞美领导呢？

一般说话方法：

领导，您处理这次危机的方法，堪称教科书级别，真是太佩服了！

高手说话方法：

作为领导，面对突如其来的公关危机，您在第一时间对危机事件做出反应，表明态度和立场，并且很快采取了解决问题的举措。然后，公开与媒体和公众沟通，提供了准确的信息，避免谣言和猜测。在危机处理的整个过程中，您表现得沉着冷静、果断坚决，控制了复杂的局面，使公司避免了一场危机。

赞美领导应强调领导的成就和贡献，以及领导的领导才能、决策能力、解决问题的能力等。另外，对领导的赞美要真诚、具体、有深度，避免空洞的夸赞和虚假的奉承。

8.领导问你是否想去别的岗位，该怎么说？

公司安排的饭局上，觥筹交错之间，部门领导问你："小王，想不想去营销部上班呢？"这时你该怎么说呢？

一般说话方法：

好啊，领导，刚好我想转到营销岗位上，还希望您跟公司说一说，要是能成全我就好了。

高手说话方法：

领导，在您的指导下工作，我很开心，也很感恩。几年来，在您的帮助下，我取得了长足的进步，而且我们的配合也非常默契，我在您的指导下工作习惯了。在您的领导下，我可以全力以赴投入到工作中，而且可以发挥自己的优势和特长，我认为这对我的成长有很大的好处。我现在就是想再跟着您多学、多干几年。

面对这样的问题，你应该先表达对领导的感谢，再表达自己希望继续追随领导的愿望。领导这样问，有时并不是真心想让你去其他部门上班，也可能是一种试探，所以你要保持清醒。

9.领导当众夸你漂亮，该怎么说？

你在单位里属于比较会穿搭的人，上班穿的衣服比较时尚。单位的领导也是女性，遇见你的时候夸你漂亮，这时你该怎么说呢？

一般说话方法：

谢谢领导夸奖，你今天穿搭也很漂亮呀！

高手说话方法：

今天运气真好，我这次穿的这套衣服得到了女神的肯定。因为下午要见金融机构的人，所以刻意打扮了一下。其实我是按照您平时的风格来搭配衣服的，想学学您，提升一下自己的气质，但不知道是哪里出了问题，怎么也穿不出您这种简约优雅的气质，可不可以跟您请教一下穿搭的技巧呢？

如果领导说你真漂亮，最好别只回"谢谢"，这个问题里面有玄机。如果是男领导这样夸你，你要警惕他是不是别有用心，客气地回应后要保持安全的距离；如果是女领导这样夸你，你可以找个理由，反过来也夸奖对方。

10.领导当着客户表扬你，该怎么说？

饭局上，公司老板张总在客户赵总面前夸你："我们公司小黄，别看还很年轻，他可是我们公司今年新晋的项目经理。"面对领导当着客户的面夸奖，你该怎么说呢？

一般说话方法：

我今年成绩还不错，但是相比公司的其他资深项目经理，我所做的确实还不值一提。

高手说话方法：

首先感谢张总提供的广阔平台和对我的支持，我之所以能做出比较好的成绩，主要还是公司在这个领域经营多年，合作资源比较丰富。我了解到赵总您的项目也涉及我们公司的经营领域，希望我们可以有合作的机会，如果您把项目交给我，我保证能高质量完成。

领导当着客户的面夸你，就是想用你的出色来让客户感受到自己的重要性，所以你不能过度谦虚。这时你应该坦然接受领导的夸奖并向领导表示感谢，然后把话题转移到公司与客户的合作上。

11. 领导要想有效激励下属，该怎么说？

你把工作安排下去，下属小李做得非常出色。作为领导，你该怎么激励小李，让他继续保持这种状态？

一般说话方法：

小李，今天表现很好，继续保持这种状态，你一定能取得更好的成绩。

高手说话方法：

我觉得上次你那个工作做得好，主要是充分收集、梳理和总结了各方面的资料，然后在此基础上得出了正确、可靠的结果。你这个工作方式非常好，明天我把入职的几名新员工叫到会议室，你把这个方法教给他们，让他们学一学。下周一公司例会上，你再跟全体员工讲一讲，我们要把这个方法在公司普及开来。

这种说话方法可以称作行为建模，就是指出下属做得对的行为，然后告诉他这样做是对的，以后他的这种方法还要在全公司普及。其实这也是对下属的赞美，而且是更高级、激励效果更好的赞美。

12.老板讲述他的奋斗史，该怎么说？

公司聚餐的时候，老板给员工们动情地讲他一路走来的奋斗史。作为下属，这时你该怎么说呢？

一般说话方法：

您的奋斗经历让我深感敬佩，我从您身上学到了很多关于如何面对挑战和追求成功的道理。

高手说话方法：

王总，能在您手下做事，我觉得是我的荣幸。您依靠自己的不懈奋斗，取得了事业成功。您刚才说到，公司刚创办的时候，办公室内只有一张桌子、一部电话，员工只有您一个人，经过 20 年的艰苦奋斗，才有了今天的大业。感谢您分享这些宝贵的经历，我感到非常幸运能够与您共事，从您身上我明白了很多做人做事的道理。

当老板讲述自己的奋斗史时，作为下属，你应该表达敬佩，肯定老板的成就。这样可以让老板感到被尊重和认可，同时也可以激发老板讲述更多关于如何面对挑战和追求成功的道理。

13.同事赞扬你工作能力强，该怎么说？

你非常出色地完成了领导安排的任务，不仅获得了领导的认可，也让同事很佩服。面对同事的夸奖，你该怎么说呢？

一般说话方法：

过奖了，我还有很多需要学习和提高的地方，这次是凑巧把这事干好了。

高手说话方法：

在咱们公司，你是最优秀的几个人之一，能得到你的赞美可不容易，所以我很高兴得到你的肯定，谢谢你的夸奖！我觉得，领导如果把这个任务安排给你，你也会很好地完成。记得那时候你手头上还有别的事情，所以就由我来做了。希望我们以后互相帮助、共同进步，也期待着在工作中有合作的机会，这样就能更好地向你学习了！

回应同事的赞美时，可以适当给对方一些正面的反馈，例如赞扬对方的优秀表现或者肯定对方的工作能力。这样可以增强彼此之间的互动和合作，共同促进工作的顺利开展。

14.同事在工作上表现出色，该怎么赞美？

领导给同事安排了一个比较难做的工作，其中涉及复杂的数据处理，但是同事经过两天的奋战，最终顺利完成。对于同事出色的工作能力，你该怎样赞美呢？

一般说话方法：

你这个工作做得还是不错的，我觉得领导会很满意。

高手说话方法：

你真的很优秀，不管领导分派给你什么任务，你都能快速、高效且高质量地完成。我特别佩服你处理数据的能力，很多复杂的数据经过你的梳理，总能变得一目了然。我觉得能做到这一点需要一些创造性，而这正是你的天分所在。每次看到你那么高效地完成工作，我都觉得我在工作中也应该做到这个程度。

赞美同事在工作上取得的成绩时，可以从面和点两个方面入手。面是同事的整体表现，点则是同事在工作中的某些细节或特点。赞美同事，总的来说要结合实际情况，更要真诚，最好是可以具体到细节。

15.饭桌上被人夸酒量好，该怎么说？

你代表公司宴请客户，对方喝得很开心，连连夸你："看不出来啊，你的酒量这么好！"面对客户的夸奖，你应该怎么说呢？

一般说话方法：

哪里哪里，我这酒量一般，跟您可不能比。其实我今天已经喝高了，以前很少喝这么多。

高手说话方法：

谢谢刘总夸奖，您这么说可真是抬举我了。我平时酒量特别差，但是今天能和您在一起吃饭，感觉很荣幸，也非常高兴，状态也跟平时有点不一样。人逢喜事精神爽嘛，一高兴酒量就上涨了，所以就多贪了几杯，稍微多喝了一点儿。

饭局上，回应客户的夸奖，需要注重方式和技巧。高情商的人通常能够用恰当的语言来表达自己的情感和想法，赢得客户的信任和好感。文中所述回应既表达了谦虚的态度，又表达了对客户的热忱、感谢和尊重。

16.客户说你已超过你的老板，该怎么说？

你和客户签了公司成立以来最大的一个订单，客户称赞你的工作能力很强，比你的老板还出色，这时你该怎么说呢？

一般说话方法：

没有，没有，不能这样说，我不过是运气好一点罢了。

高手说话方法：

非常感谢您对我的认可和鼓励。我非常尊重我的老板，入职公司三年来，他给予了我无私的指导和帮助。我认为我的能力之所以能够得到很大提升，很大程度上得益于老板的悉心指导和团队的支持。我会继续通过努力学习来提升自己，为客户提供更好的服务。这次和贵方的合作，真的非常愉快，希望我们能够以此为契机，建立长期的合作关系。

在职场上，说话一定要得体、谨慎，这样的回应既表达了对客户的感谢，又体现了对老板的尊重，同时也展现出你谦逊的品格和积极的态度。

17.客户当着领导面夸赞你，该怎么说？

饭局上，公司的重要客户赵总当着你们老板张总的面夸你："小李，你这次安排得实在太周到了，现在你办起事来比以前长进很多呀！"面对客户的夸奖，你该怎么说呢？

一般说话方法：

赵总过奖了，如果有招待不周之处，还要请您多多担待。

高手说话方法：

那必须把赵总招待好，能让赵总满意，是我的荣幸，为您服务就是我们的宗旨。跟着我们张总这么长时间，承蒙张总的指导，学到了很多，办事再不靠谱些，那就太对不起张总的栽培了！为了让您吃得满意、住得舒心，我特意叮嘱酒店按照您的口味做了几道菜，并且安排了南向朝阳的客房。您如果还有什么吩咐，尽管提出。

客户夸奖你的时候，不要马上说"我做得还不够好"之类的话。这样的回答显得很不自信，也可能会让对方感到尴尬。比较恰当的回答是适度地承认自己的优点，同时为改进自己的不足之处留有余地。

18.向客户推销，怎样通过赞美拉近关系？

你是做房屋内部木建生意的，通过朋友认识一家公司的总裁，想让对方购买自己的产品。初次见面，你要怎样说才有利于拉近双方的关系呢？

一般说话方法：

久仰您的大名，经我们共同的朋友从中牵线，很荣幸可以认识您，也希望我们合作愉快。

高手说话方法：

刘总，很高兴见到您。在恭候您的时间里，我一直在欣赏您的办公室，假如我能有这样一间办公室，那么即使工作辛劳一点儿我也不会在乎的。您知道，我从事的业务是房子内部的木建工作，我这是第一次见到如此精致的办公室。旁边的镶板，看起来是用英国的栎木做的，对吗？英国栎木的组织与其他栎木的组织有点儿不一样。

做生意绝不仅只是金钱上的来往，更是人与人之间感情的交流。因此在生意场中不要过于急切地表达自己的需求，事先多给别人一些赞美，赢得对方的认同和好感，更有利于把生意做成。

19.走亲访友被长辈夸奖，该怎么说？

节日的时候，你走亲访友，长辈拉着你的手说："年轻真好啊！"这种情况下，你要怎么说呢？

一般说话方法：

您老不知道，现在年轻人压力太大了，真没觉得年轻有什么好的。

高手说话方法：

谢谢您的夸奖，不过我觉得不一样的年龄有不一样的风景，您这一生有那么多精彩的经历和过往，我也非常羡慕。更何况您现在还不老呢，我看您身体也很好，每天都闲不下来，还不觉得累，看着比我们年轻人都有活力。我要是到您这个年纪还能像您这样，我就知足了。

当长辈夸你"年轻真好"时，首先要向对方表达感谢，同时回应赞美、表达敬意。当然，具体的回答方式可以不拘一格，但都要保持真诚、友善的态度，尊重长辈，同时也要展现自己的谦虚之意。

第八章

人情之道，解锁高效社交的密码

1.领导给你转饭钱，该怎么说？

早上在上班的路上，你帮领导买了早餐，领导为此给你转了钱，并说："小李，早餐钱你收下吧，谢谢你帮我带早餐！"这时你应该怎么说呢？

一般说话方法：

领导，这点钱不用给了，就当我请你吃早餐了。

高手说话方法：

不好意思，领导，刚刚在忙着工作，没有看手机。您这也太客气了，这都是举手之劳的小事，我本来不应该收的，但是怕您下次有事不找我了，我这次就恭敬不如从命了。以后您要是工作比较忙，或者时间比较仓促，您和我说，我继续给您带早餐。

领导主动提出让你帮忙带早餐，并且积极给你转钱，说明领导是一个有原则的人，并不想无缘无故欠人情。这时你把钱收了就可以了，因为本就是自己的钱，收了没有任何问题。收下的时候，要记得和领导寒暄一下，不要默不作声地收下，也不要只是简单回复"收到"。

2.你被服务员误认为领导，该怎么说？

陪领导应酬，服务员错把你当成了领导，领导在旁边看着你笑着说道："小王，你现在越来越有领导风范了。"面对这种情形，你该怎么说呢？

一般说话方法：

没有，我哪里像领导了，在您面前可不敢这么说。

高手说话方法：

领导，都怪我，今天出门穿得太正式了，想着陪领导要庄重一些，哪知道您如此亲民、低调，倒是我显得格格不入了。您如此低调，难怪服务员会认错，待会儿我帮您批评一下他，顺便让他们给打个折。另外，我还是太年轻了，不懂事，有点儿张扬，以后还要多向您学习。

在这种情境下，保持谦逊和尊重是非常重要的。你不能因为服务员的一个错误，而显得得意或者傲慢。同时，你也应该适当地表达出自己的想法和态度，让别人知道你并没有把自己看作领导。

3.请领导吃饭，领导问还请了谁，该怎么说？

你作为部门负责人，在一个重要项目即将完成之际，邀请公司领导吃饭，但是领导淡淡地问道："你还请了谁？"这时你应该怎么说呢？

一般说话方法：

领导您放心，也没其他人，主要是邀请您吃饭，还有公司的几个同事。

高手说话方法：

领导，非常感谢您的支持和指导，我们才能顺利完成这个项目，因此想请您吃顿饭，以表达对您的感激之情。当然，我也邀请了一些优秀的同事，他们为这个项目也付出了很多。这次我把大家组织起来，一起来陪您，更好地分享成功的喜悦。我真诚地希望这次聚会能够为整个团队带来更多的凝聚力和协作机会。

当领导问你"还请了谁"时，他可能是在评估饭局的性质，并且考察你的情商和组织能力。你回答时既要展现自己的诚意，给领导足够的尊重，又要表现出你的团队精神、对同事的认可以及对工作的热情。

4.领导留你在家吃饭，该怎么说？

周末你去领导家拜访，聊了一会儿后，领导说："小王，今天晚上就在这里吃饭吧，我们喝两杯。"这时你该怎么说呢？

一般说话方法：

领导，今天我就不在这里吃饭了，要回家吃，老婆孩子还在家等着呢！

高手说话方法：

非常感谢领导的盛情和好意，老婆刚才发信息，说已经做好饭菜，一家老小都在等我回去，所以我今天就不在您这里吃饭了。您看这样行不行，改天我挑个好一点儿的酒店，您挑个时间，咱们两家一起聚一聚，感谢您一直以来对我的照顾和提携。

家宴是高规格的宴请，如果没有提前邀约，一定不要去。去领导家拜访，如果领导留你在家吃饭，在表达感谢的同时，也要以合适的理由委婉地拒绝，避免给领导带来不便或尴尬。

5.领导向你敬酒，该怎么说？

领导宴请员工吃饭，酒席之上，领导特地向你敬酒，表扬你工作干得不错，那么此时你该怎么说呢？

一般说话方法：

感谢刘总，我干了，您随意。

高手说话方法：

谢谢刘总，在您的大力支持下，我们部门负责的项目提前一周完成，客户也已经验收，感到非常满意，项目款也如期足额支付了。另外，客户还表达了继续合作的愿望，而且还向我们推荐了其他客户。借着这杯酒，我想表达一下我对您的感激之情，希望以后能得到您更多的指导。刘总您意思意思就行了，我干杯。

领导来敬酒，如果自己能喝酒，那自然应抬起酒杯一饮而尽。当然，这时最好是自己先敬领导，至少也要回敬领导。如果自己不能喝酒，要向领导说明情况，获得领导体谅。

6.帮领导挡酒却被对方嫌弃，该怎么说？

你陪领导宴请客户，领导喝得有点多了，示意你帮他挡酒。你起身要陪对方喝酒，对方却说："我敬的是齐总，怎么是你跟我喝？"面对这种情况，你该怎么说呢？

一般说话方法：

肖总，我们领导喝多了，不胜酒力，我替他喝一杯。

高手说话方法：

肖总，我们齐总安排这次宴请的时候就特意叮嘱了，您是贵宾，让我一定要招待周全，结果我还是表现得有点儿莽撞。我自罚一杯，您看好不好？我们年轻人做事，有时候确实考虑不周，您也别计较，今天饭局过后我们齐总还有个会，实在喝不了。您放心，我一定陪您喝到尽兴。

在酒局上帮领导挡酒，很多时候是需要找一个合适的借口的，比如说领导因为不胜酒力而需要下属帮忙挡酒，有些比较直的人就会说，实在不好意思，我们领导的酒量不行，这一杯酒我替他喝吧。这种做法其实是将领导的缺点暴露出来，属于情商低的表现。

7.酒局上，领导说加个微信，该怎么说？

单位安排了一个接待总公司领导吴总的晚宴，酒过三巡，你给吴总敬酒，两个人相谈甚欢，于是吴总对你说："咱俩加个微信吧。"这时你该怎么说呢？

一般说话方法：

好的，吴总，您扫我的微信二维码吧，我通过一下。

高手说话方法：

吴总，能加上您的微信，可以有机会多向您请教，真是太荣幸了！其实我一直想加您微信，和您有更多的交流，但是怕打扰到您，所以没敢开口，今天谢谢您给我这个机会。我扫您的微信二维码吧，您方便的时候通过一下，然后我把自己的电话也发给您，您有什么指示可以随时下达，有什么安排可以随时吩咐。

酒席之上，互相添加微信时，谁扫谁的二维码其实也要遵循相应的商务礼仪。一般来讲，下级不会主动加领导的微信，如果领导主动表示"咱们加个微信吧"，下级应积极回应领导的好意，主动扫领导的二维码，等待领导通过。

8.饭局上，客户举杯祝你升职，你该怎么说？

饭局上，客户说："小黄，敬你一杯，恭喜你荣升主管，以后生意上合作的事情避免不了要麻烦你，请你多多关照。"这时你要怎么说呢？

一般说话方法：

没问题王总，以后有什么事需要帮忙的，您尽管开口，保证给您办好。

高手说话方法：

王总，您真是太抬举我了，这豆芽长得再高，那也只是小菜一碟。我们的工作要做好，离不开大家的帮衬，尤其是需要王总您的指导和支持。能够与您合作是我们的荣幸，以后有什么需要我们出力的，我们一定全力配合。来，王总，我敬您一个。

客户捧你，是给你面子，这时你也要给客户面子，把自己的姿态放低一些，保持礼貌、谦虚、谦恭。这并不意味着低人一等，而是沟通的艺术。我们应该把客户的面子当成自己的面子来爱护，这样才有利于赢得客户的支持。

9.领导说给你介绍对象，该怎么说？

领导认为你是一个不错的年轻人，说要介绍对象给你，而家里此时也托人给你介绍了一个。对于这种情况，你该怎么跟领导说呢？

一般说话方法：

领导，让您费心了，我现在有对象了，多谢领导的美意。

高手说话方法：

感谢领导的厚爱，家里刚给介绍了一个，正在接触着哪。因为这段时间我们公司的业务也比较繁忙，所以这几天我也不想花太多时间在处对象的事情上，等忙完这个项目，工作不那么紧张了，我会和对方深入交流一下。如果这事有眉目，到时我会跟您汇报，还想请您帮我把把关呢！

领导想给下属介绍对象通常是想稳定下属，或者某个亲戚朋友的孩子到了适婚年龄，于是委托领导帮忙介绍。领导想给你介绍，说明对你比较认可。你按照上述说法，婉拒领导的同时还能拉近和领导的距离，而且还暗示了你是个有事业心的人。

10.想到领导家里登门拜访，该怎么说？

为了拉近和领导的关系，你打算抽时间到领导的家里拜访一下，那么你应该怎样和领导说呢？

一般说话方法：

领导，我最近想去您家里拜访一下，感谢您的帮忙，请问您最近有时间吗？

高手说话方法：

领导，感谢您一直以来对我的无私提点和教导，让初入单位的我茅塞顿开，受益匪浅，而且少走了许多弯路。关于工作的事情，我还有一些问题想要当面向您请教一下，顺便给您带点儿土特产过去，不知道您最近是否方便？

想去领导家里拜访，和领导增进感情，一定要单独私下沟通，不要落人话柄。表达拜访意愿，要在对方有点儿空闲、心情比较好的时候提出来，措辞要委婉和礼貌，尽量避免过于直接和唐突的表达。

11.需要用情打动领导的时候，该怎么说？

总公司需要提拔一位分公司的经理到外地工作，你想要争取一下这个职位，因为从各方面条件来讲你是比较适合的，而且你也能因此和妻子结束两地分居的生活。你该怎么跟老板表达自己的想法呢？

一般说话方法：

袁总，总公司最近要提拔一位分公司的经理到外地工作，我觉得自己还是比较适合这个职位的，而且去了以后我还可以和妻子结束两地分居的状态。

高手说话方法：

袁总，我和妻子这几年一直都是两地分居。她在咱们分公司所在的城市做公务员，一个人带着孩子，我一直觉得很对不起她。您年轻时，为了干事业也曾经和您爱人两地分居了好几年，后来公司做起来，您就把爱人接来一起生活了。记得您还教导我们，男人一定要顾家，我一直谨记在心。现在总公司需要往分公司派一位负责人，我在想，如果是我……应该就有机会补偿她了。

在这件事情上，下属从老板曾经切身感受过的事情入手，在人之常情上下功夫，把自己所面临的困难说得在情在理，便很容易激发或者诱发老板的同情心，有利于达到自己的目的。

12.客户说菜点多了，你该怎么说？

请客户吃饭时，客户说："菜点得有点多，让你们破费了。"这时你该怎么说呢？

一般说话方法：

不多不多，您多吃点，好不容易来我们这边一趟，咱们吃点好的。

高手说话方法：

您好不容易来一回，我们要招待好啊，也拿不准什么菜合您口味，所以就多点了几道菜，请您多尝尝我们本地的特色，尤其是这道菜，可是这家店的招牌，我专门跟这边经理交代过，结合您当地习惯做了改良，您来尝尝，看看味道怎么样。

这样说既表达了自己的深情厚意，又表示你心里很尊重对方。借助推荐菜品，能把话题带到更轻松的方向，让对方特别有面子。这将有利于双方建立良好的关系，并为日后双方可能会有的合作打下基础。

13.别人临时邀你去参加饭局，该怎么说？

平日联系不太多的朋友突然给你打电话："张哥，今天中午几个朋友一起喝酒，你也来吧，毕竟我们也好长时间没见了，见个面叙叙旧。"这时你该怎么说呢？

一般说话方法：

好的，小王，你们是在哪儿喝酒啊？地址发给我吧，我这就过去。

高手说话方法：

小王，我们确实很长时间没见了，我是非常想参加的，见个面聊聊天也挺好的。只是我这些天重感冒一直没有康复，去参加饭局倒是可以，但是不能喝酒……还是不去了吧，因为去了也不能喝酒，这样会扫了大家的兴。要不下次再聚吧，下次我们一醉方休！

临时邀请你参加饭局，说明别人对饭局早已安排好了，你并不在邀请之列。之所以临时邀请，可能只是客套话，或者只是想让你去凑数，或者想利用你的名气办私事。对于这样的饭局，最好是委婉地拒绝。

14.同事请吃饭，你不想去，该怎么说？

同事邀请你周末一起吃饭，但是出于某种原因你并不想去，那么你应该怎么回复对方呢？

一般说话方法：

很抱歉，我周末有其他的安排，所以这次不能一起吃饭了，希望以后有机会可以一起用餐。

高手说话方法：

非常感谢你的邀请，我也很想跟你聊天喝酒，但是，这次我可能没办法去了，因为这周末刚好是我女朋友的生日，如果丢下女朋友，她肯定不会放过我。现在我还正犯愁要给她准备什么惊喜和礼物呢。这次真的是不好意思了，我们改天再约吧，改天我请你，咱们好好喝几杯。

无论你选择哪种说法，都需要保持礼貌和尊重，不要让你的同事感到你很不友好或很冷漠。以积极的方式表达你的想法，并保持友好和开放的沟通方式，有利于维持良好的职场关系。

15.饭局上，需要提前离席，该怎么说？

在一个交际的饭局上，新老朋友正在把酒言欢。突然，家里打来电话，有急事需要你立即回去处理。面对这种情况，你该怎么说呢？

一般说话方法：

大家好，不好意思啊，家里忽然有点急事，我得先回去了。

高手说话方法：

今天和各位老朋友和新朋友一起喝酒聊天，觉得很开心，很想跟大家一醉方休。但是，不巧的是，家里刚才打来电话，有紧急事情需要我回去处理，我需要先行离开，真的是非常抱歉，感谢大家的理解。这次打扰了大家的雅兴，我自罚一杯酒。感谢大家的款待，真是不好意思，我先告辞了。

饭局上需要提前离席，选择适当的时机很关键。最好是在餐后的空闲时间，或者在换菜时刻离场，以减少对整体氛围的影响。离席的时候，要向周围的人简短且礼貌地说明离场原因，并表达歉意。

16.同学作为中间人请你吃饭，该怎么说？

你在建设局担任质检员，你的同学和他做包工头的表哥组织了一个饭局，邀请你参加。面对这种情况，你该怎么说呢？

一般说话方法：

老同学，我大致明白你组织这个饭局的目的了，说实话，我不方便去，希望你能理解。

高手说话方法：

咱们两个同学一场，如果是单纯的老同学聚会，我一定欣然前往。可是你也知道，由于我的工作职责和你表哥的业务有关系，我就不方便去了。因为参加这样的饭局，难免会有闲话传出来，将来即使你表哥参与的工程里面没有任何猫腻，别人还是会说闲言碎语。其实工程质量检测也不是我一个人说了算，没必要把事情弄得这么复杂。

虽然人情往来很重要，但是如果亲朋好友向你提出的要求或者请求违反个人原则、法律规范，你还是要在讲明事理的基础上让对方打消念头。

17.下属向你提出离职，该怎么说？

一贯表现出色的下属走进你的办公室，对你说："领导，我要到××公司上班了，工资待遇直接翻了一倍，我手头的工作希望您可以安排别人接手。"这时你该怎么说呢？

一般说话方法：

你说的那家公司我知道，虽然入职薪资高一点儿，但那是家族企业，一般人去了以后职业发展空间有限，所以希望你能慎重考虑。

高手说话方法：

小张啊，你这几年进步很大，能力也越来越强。结合公司的发展状况和你的个人能力，工资可以上调一部分，绩效再根据你的业绩增加一部分。在这边干得好了，保证你的收入不比那家公司低。你放心，公司不但薪资给到位，也给员工足够的机会，如果时机成熟，可以组建一个部门让你来负责。

说服优秀员工留下来，不仅要态度中肯，还要切中要害，既薪资给到位，又同时给机会，以开诚布公的态度与员工交流，从而达到挽留年轻员工继续为公司服务的目的。

18.发现下属偷懒，该怎么说？

你负责公司的项目建设监督工作，当时正值夏天，天气很热，你发现工人在你看不见的时候总是偷懒。面对这种情况，你该怎么说呢？

一般说话方法：

你们这帮人，只要不盯着就不好好干活儿，一群老油条！今天完不成任务，不准下班，你们都要加班！

高手说话方法：

各位工友们，今天天气实在是太热了，就算是坐着休息，啥也不干，还是不停地流汗。何况我们现在也不能休息，因为我们这个工程很重要，工期很紧张，而且现在到了关键时刻，我们忍耐一下，抓紧时间赶一赶好吗？早一点儿把今天的活儿干完了，也能早点儿回去歇着。

批评对谁来说都不是一件让人愉快的事，因而需要掌握适当的技巧和方法。你既要指出对方的不对之处，又要注意维护对方的面子。批评别人时点到为止，其实也是一种智慧。

19. 下属托你办事，你很为难，该怎么说？

下属的爱人被裁员，一直找不到工作，下属便想请你帮忙在公司为自己的爱人安排一份工作。面对这种情况，你该怎么说呢？

一般说话方法：

你说的这件事没法办，还是再想想其他办法吧。

高手说话方法：

你是公司的老员工了，为员工排忧解难也是我应该做的，但是你说的这件事不好办，虽然有些岗位不需要特殊的技能。我们单位是集体领导，像你提出的这件事，需要大家讨论之后才能决定。不过，以前也有同事提出过类似的请求，结果没办成，所以这次你也别抱太大的希望。等待大家讨论一下再说吧，在这种事情上我个人也做不了主。

模糊语言、含糊回避是一种比较常见的拒绝方法。在不便明确拒绝的情况下，使用模糊的说法回避他人的请求，既给对方保留了面子，又不显得自己是个不肯帮忙的人。

避免尬聊，
让你的沟通如鱼得水

1.你在众人面前出糗，怎么化解尴尬？

你作为公司年度晚会的主持人，主持节目时不小心脚下踩空，从台阶上摔了下来。这时你该怎么说才能化解尴尬呢？

一般说话方法：

真是太不好意思了，只顾着说话了，没注意脚下，摔了一下。

高手说话方法：

真是马有失蹄，人有失足。看来公司这次演出的台阶不那么好下，但是台上的节目会很精彩，让我们一起期待他们的精彩表演吧！

这种突发情况非常考验一个人的应变能力，在完全没有准备的情况下，只有思维敏捷、反应灵活才可能做到应对得体。增强应变能力，一方面要加强平时知识的积累和文化的储备，另一方面可以多参加演讲、辩论等活动。只有经过不断的锻炼，我们在突发状况面前才能应付自如。

2.领导发红包，夸你手气好，你该怎么说？

领导在公司群里面发了个 3000 元的红包，你抢了 800 元，领导夸你："还是小王的手气最好！"面对这种情况，你该怎么说呢？

一般说话方法：

谢谢领导的红包，这次我的手气确实很不错。

高手说话方法：

能抢这么多，主要还是领导大气，没有领导的大气哪里有我的好手气。我不仅手气好，运气也好，遇到您这样的好领导、公司这么好的平台和这么多能干的好同事。我哪敢一个人领功，运气好都是领导带领得好，好运应该和大家一起分享，我也发个红包，祝大家蒸蒸日上！

在职场上，领导和同事之间的互动充满了各种微妙的情感和社交规则。看似不起眼的红包，实际上也可以检验一个人职场情商。在这样的情境中，我们的回答不仅要显示自己的谦逊，还要体现出对团队其他成员的关怀和良好愿望，营造出团结和谐的工作氛围。

3.领导请吃饭，作为下属，该聊些什么？

你连着一周加班加点，终于做出来领导急需用的紧急方案，领导为了感谢你的辛苦加班，特意请你吃个饭。在这样的场合，你该聊些什么呢？

一般说话方法：

领导请吃饭，我感到很荣幸，以后一定努力工作，不辜负领导的期待。

高手说话方法：

您工作那么忙，还专门抽出时间请我吃饭，真的太感谢您了。通过您安排的这个任务，我学到了不少东西，PPT 的制作水平也提高了。我看公司这段时间正在推进和政府部门合作的环境治理项目，虽然我没有参与这个项目，但是我们部门正在研究与此相关的方案，我有一些想法，正好和您聊聊。

在领导请吃饭的场合，作为下属，应向领导表示感谢，也可以表达一下自己的工作感受以及对未来工作的想法，还可以和领导聊聊兴趣爱好，强化一下彼此的关系。在聊天时要注意把握分寸，避免谈论过于敏感或私人的话题。

4.领导问你是不是能喝酒，该怎么说？

你平时是一个不怎么喝酒的人，入职新公司后，领导问你："小赵，你能喝酒吗？"这时你该怎么回答呢？

一般说话方法：

不好意思，领导，我不会喝酒，平时也很少喝酒。

高手说话方法：

领导，我酒量不好，但是我相信您身边不缺能喝酒的人，也肯定不需要只会喝酒的人。虽然我不能喝，但是搞服务我很在行，给大家端茶倒水、催菜跑腿，这些事情我保证可以做得贴心周到，让参加饭局的领导、客户和同事都感到满意。酒足饭饱之后，我还可以把大家安全送到家。我这一身的技能，正等待解锁，如有需要，您可以随时调遣。

有些领导问你酒量是想要重用你，有的公司与客户洽谈时，在饭局上和客户喝酒是一个重要环节。如果你不能喝酒，可以向领导展示自己在应酬方面的其他能力，为自己争取机会。

5.不能喝酒，饭局上怎么敬领导？

公司组织全体员工聚餐，看着大家忙着给领导敬酒，你即便不能喝酒，也不能只是坐在那里干巴巴地看着。在这种情况下，你该怎么敬领导呢？

一般说话方法：

领导您好，我因为不能喝酒，在这里以茶代酒敬您一杯。

高手说话方法：

领导，不好意思啊，我这个身体喝不了酒，但是今天有机会和您一起吃饭，我感到非常激动，特别想敬您一杯。领导您看，我不喝酒，您也以茶代酒，我敬您一杯。

你不喝酒，在饭局上更应该去敬个酒，而且要主动去敬酒，你就是要通过说敬酒词让大家加深对你的印象，也知道你不喝酒。你这么一说，领导也觉得特别受尊重，而且显得你落落大方。其实不喝酒的人，如果你懂得争取机会，同样也能混得风生水起。

6.同事说领导对你真好，该怎么说？

办公室里，有个别同事阴阳怪气地对你说："小孙，我发现领导对你是真好！"这时你该怎么说呢？

一般说话方法：

难道领导对你不好吗？你是不是对领导有意见？

高手说话方法：

我觉得领导对大家都挺好的，领导不是格局小的人，不会偏袒这个冷落那个。我在工作中付出了很多努力，得到了一些回报，也是应该的。但是，我相信每个人都有自己的闪光点和价值，只要我们用心工作，就能够取得成功。我们共同加油吧！

同事这么说的时候，我们不能轻易地把这句话当作是恶意的攻击，而是要理性地分析背后的原因。在和同事对话的时候，我们不要发怒或者生气，而应保持微笑，然后以平和、冷静、理智的语气回应。这样不仅可以避免冲突升级，还可以让同事感受到我们的从容和自信。

7.第一次与客户见面，怎么介绍自己？

你想尽办法，终于得到了与客户第一次见面的机会，在这种场合下，你要怎样进行自我介绍才能拉近与客户的距离？

一般说话方法：

周总您好，我是××公司的赵××，今天很荣幸能够见到您，希望我们由此建立良好的合作关系。

高手说话方法：

周总您好，我是××公司的销售经理赵××，我们公司是行业内的头部企业。我在这个行业做了15年，久仰您的大名。两年前在一个业内的论坛上，您作为特邀嘉宾出席，当时我作为观众有幸聆听了您的演讲，还记得您对行业发展趋势的判断。我们行业目前的发展状况，正如您当时预测的一样。我这次是慕名前来，想和您探讨一下行业未来几年的发展方向和我们的合作前景。

第一次和客户见面，开场的自我介绍决定对方是不是愿意听下去。商务场合的自我介绍包括对公司的介绍和对自己的介绍，这时我们既要向对方展现公司的价值，也要展现自己的价值，增加合作的可能性。

8.给客户送礼物，怎么说比较合适？

过节的时候，你打算送一些礼品给合作关系比较好的客户，那么你应该怎么说才能让对方接受你送的礼品呢？

一般说话方法：

王总，马上过节了，给您寄了一些土特产，到时候请您记得收下。

高手说话方法：

王总，上次听您说想带着家人去新疆去旅游，因为工作太忙一直没去成。刚好我前几天去新疆出差，就带了一些当地的土特产回来，其中包括专门给嫂子带的特色美食，给孩子们带的一些营养品，有助于孩子的身体发育。这一年没少受您关照，您不收的话，明年可不敢去麻烦您了！

送礼的时候，礼品可以是给客户本人的，也可以是给客户的家人的。你可以把这两类礼品放在一起，一旦遇到对方不愿意收，你就可以解释说是送给嫂子、侄子、叔叔阿姨的，这样一说对方一般都不会拒绝。

9.客户对你说"辛苦了",该怎么说?

经过友好的沟通,你终于代表公司和客户达成了合作。在合作协议上签完字,客户握着你的手说:"小钱,辛苦了!"这时你该怎么说呢?

一般说话方法:

没事儿,不辛苦,希望您多对我的工作提意见或者建议,我会继续努力。

高手说话方法:

郑总,感谢您的肯定。我很荣幸能够参与这个项目,为我们的合作贡献力量。能够看到我们共同努力取得的成果,我感到非常满足。我相信,随着我们双方的持续合作,我们能够共同开拓更多机遇,实现共赢。我期待着我们未来的合作项目。

你说"没事,不辛苦",不仅否定了自己的付出,还直接堵住了客户的嘴,白白浪费了一个拉近客户关系的宝贵机会。通过高情商的回应,展现出的不仅是对客户的尊重和感激,还包括对工作的热情以及对未来的积极期待,可以为自己的职业生涯创造更多机遇。

10.向客户催货款，应该怎么说？

你把货发给客户很长时间了，要求客户把尾款给结了，客户说："我现在没钱给你，我的下家还没给我钱呢。"这时你该怎么说呢？

一般说话方法：

那您赶快催催您的下家吧，这样一直拖下去也不是办法。

高手说话方法：

马总，您把货发出去，下家不给您钱，那他就是用您的钱做生意，您这是在照顾别人的生意啊，为什么不能先照顾自己的生意呢？话说回来，正因为您的下家没给钱，才说明您有钱，要是没钱您早去要了，您现在稳坐钓鱼台恰恰说明您不差钱。所以，马总，把钱给结了吧。您之前说的发货时间、优惠折扣，我都尽量满足您的要求，现在我也需要给领导一句话，也不想下一次您再需要优惠的时候，我没有话语权。请您安排好后给我说一下。

很多人在和客户打交道的时候习惯于顺从客户，搞得自己的工作很被动。其实做业务成功的关键就是要有自己的态度，不然客户不拿你当回事儿。当然，面对不同的客户，要使用不同的沟通技巧，以达到回款的目的。

11.客户说不喜欢你的产品，该怎么说？

你向客户推荐一款新上市的产品，可是客户说："我觉得这个产品很一般。"这时你该怎么说呢？

一般说话方法：

怎么会不喜欢呢？这是我们的最新款产品，挺好看的呀，而且性能好，功能齐全。

高手说话方法：

您的看法也不能说就是错的，因为这个产品的市场评价确实比较两极化。喜欢的人真的很喜欢，不喜欢的就觉得很一般。这款产品刚上市的时候，我的感觉跟您一样，也是觉得很一般，但是卖了一段时间之后，我发现买了它的客户都给了很高的评价。我现在还是蛮喜欢的，所以自己也买了一套。我们可以再交流一下，您觉得哪里不合适，我再帮您选一款合适的，我们这里的产品是一个系列，有好几种可供您选择。

萝卜白菜，各有所爱，在涉及产品审美时也是如此。你不同意别人的观点，不用否定，就说这个产品的评价比较两极化，既没有否定客户，也没有认同客户，最后还会让客户对这个产品产生好奇。

12.谈判出现僵局时，该怎么说？

和客户谈判时，因议题复杂，难以达成共识，谈判陷入僵局，这时怎么说才能化解难题呢？

一般说话方法：

贵方在谈判时一点儿也不肯让步，导致我们难以达成合作，我看我们这次沟通就到这里吧。

高手说话方法：

我们这次进行的谈判，议题比较复杂，涉及价格、数量、售后、专利共享等各种问题，在所有这些问题上达成共识的难度导致谈判几乎陷入了停滞状态。我觉得，我们就各个议题进行谈判时可以更为灵活一些。比如，价格可以和订购数量成反比，售后服务的一部分可以嵌入价格，另外一部分可以变为技术合作。我相信，通过类似的方式，我们可以为这次谈判打开更多空间。

面对这种情况，可以将议题切割，逐步推进，这就是典型的"目标分解法"。这是一种较为灵活的谈判方法，有利于针对分歧创造出可以交流的空间，并最终达成双方都能接受的协议。

13. 女朋友问你两难的问题，该怎么说？

这个问题听起来有点像情感剧或者小说中的情节，但如果女朋友真的问起来，它确实是一个非常棘手的问题。对于这个问题，我们很难直接给出确切的答案，如果能够抓住逻辑上的漏洞进行反问，并且不伤女朋友的心，当然是最好的。以开玩笑的方式表达对女朋友的爱，又不辜负母亲的养育之恩，效果也挺好。

女朋友总是爱问奇怪的问题，她问你："如果我和你妈妈同时掉进河里，你会先救谁？"面对这个问题，你该怎么回答呢？

一般说话方法：

两个一起救，不能放弃你们任何一个人。

高手说话方法：

你问我这个问题，那我就要问你："你希望自己遇到一个不孝顺的人，还是希望遇到一个不爱你的人呢？"如果必须选择救一个人，那我只能说："我先救我妈，然后和你一起坠入爱河。"